허영만의

3천만원 ④

여의도의 타짜들

허영만의 3천만원 ④
여의도의 타짜들

초판 1쇄 발행	2018년 9월 17일
초판 9쇄 발행	2024년 7월 15일

지은이	허영만

펴낸이	신민식
펴낸곳	가디언
출판등록	제2010-000113호

주 소	서울시 마포구 토정로 222 한국출판콘텐츠센터 419호
전 화	02-332-4103
팩 스	02-332-4111
이메일	gadian7@naver.com

인쇄·제본	㈜상지사P&B
종이	월드페이퍼㈜

ISBN 979-11-89159-09-2 (14320)
    978-89-94909-06-6 (세트)

이 도서의 국립중앙도서관 출판예정도서목록(CIP)은 서지정보유통지원시스템 홈페이지
(http://seoji.nl.go.kr)와 국가자료공동목록시스템(http://www.nl.go.kr/kolisnet)에서
이용하실 수 있습니다.(CIP제어번호: CIP2018028721)

허영만의

3천만원 ④

여의도의 타짜들

글·그림 허영만

가디언

〈일러두기〉

1. 이 만화의 주식투자는 현재 상황이 아니라 만화 연재 시점을 기준으로 2주 전의 실제 투자 상황을 바탕으로 제작되었습니다.

2. 이 만화는 투자 자문단의 주식투자 방법과 투자 철학을 만화를 통해 보여주는 것이며, 주식 시장의 변동성 및 자문단 각자의 전문 지식을 독자 여러분에게 전달하는 것이기 때문에 만화에서 제공되는 투자 정보·의견은 추천이나 권고의 의미가 아니며 참고자료일 뿐입니다. 따라서 어떠한 경우에도 독자의 투자 결과와 그 법적 책임 소재에 대한 증빙자료로 사용될 수 없습니다.

3. 이 만화의 자문단은 웹툰 배포 시점에 추천종목을 이미 보유하고 있거나, 추가 매수 또는 배포 시점 이후에 매도할 수 있습니다.

주식투자를 시작하며

건강한 몸은 복리 이자를 주는 은행보다 낫다.
뛰는 놈 위에 나는 놈 있고, 나는 놈 위에 즐기는 놈 있다.
살아 있는 동안 빼앗기지 않을 것은 지식뿐이다.
청춘은 나이가 아니다. 도전을 멈추는 순간 늙은이가 된다.
재산이 많으면 근심이 늘지만 재산이 없으면 고통이 늘어난다.
우물쭈물하다간 주식도 못 해보고 인생 마감할 수 있다.
파이팅!

허영만

| 차례 |

3장 시대를 이끄는 기대주를 찾는다

1장

전략 없이 승리 없다

43
시작은 소녀처럼 마무리는 번개처럼

10

3천만원

주식을 살 때는 소녀처럼
천천히 고른 뒤 분할 매수하고

매수한 주식을 팔아야겠다 싶으면
앞뒤 재지 말고 손 털어라.

실패에 교훈이 있다

성공한 전업투자가들은 많지 않다.

당신 지금 야동 보는 거지?
당신들 우리만큼 일해?
불로소득 아냐?

무슨 소리!
머리가 터지도록
공부하는데!

당신은
이게 야동으로 보여?

성공한 주식투자가들 중에서
소위 도사라는 사람들의 적중률은
몇 % 이겠는가?

거짓말!

그것밖에
안 될 리 없어!

60% 적중률로
어떻게 그 많은
재산을 모으지?

주식투자 실패는 도사들도 다반사로 겪는 일이다.
그런데 어떻게 그들은 억만장자가 되었을까?

실패했을 때 포기하지 않고
그 실패에서 교훈을 찾았기 때문이다.

이런 자는 실패를 딛고 도사가 된다.

반면

이렇게 단념이 빠르고 성급한 자는

술 가져와!

설사 주식투자에 몇 번 성공했다 해도
짧은 기간에 승부하는 경향이 많아서
본전도 건지기 어렵다.

실패의 쓰레기 밭도
잘 뒤지면 뭔가 보인다.

교훈을 찾아 노력하면
당신도 도사가 될 수 있다.

10%의 주가등락은 대세 전환이다

주식투자는 시세의 큰 흐름에
편승하는 것이 기본이다.

주가가 바닥에서 10% 정도 오르면
대세 상승 전환인 경우가 많고

최고가에서 10% 정도 하락하면
대세 하락 전환인 경우가 많다.

3
천
만
원

대세를 파악해서
들어가고 나오는 것이 어렵지만
대세 전환을 기계적으로
파악하는 방법이 이것이다.

종목 매매 들어갑니다.
4월 30일(월) ~ 5월 4일(금)

4월 30일(월)

......

5월 1일(화)

......

5월 2일(수)

하웅

테라젠이텍스

매도.

앗! 어서 오세요.
자문단이 전부
화성 여행 중인 줄 알았어요.

18,850원 X 234주 = 4,410,900원
매도 완료.

앗! 큰 손실! 444,600원

아모레퍼시픽

매수.

348,500원 X 12주 = 4,182,000원
매수 완료.

매수 가능 금액은?

284,854원

애경산업

매수.

44,450원 X 6주 = 266,700원
매수 완료.

5월 3일(목)

……

5월 4일(금)

**퀴터백
자산운용**

ARIRANG 선진국(합성 H)
6주 매도.
TIGER S&P500선물(H)
7주 매도.
KINDEX 베트남VN30
13주 매도.
KODEX 선진국 MSCI World
17주 매도.

TIGER 대만 TAIEX선물(H)
16주 매도.
KINDEX 러시아 MSCI(합성)
9주 매도.
TIGER 글로벌4차산업혁신기술(합성)
19주 매도.

ARIRANG 신흥국MSCI(합성 H)
24주 매수.
TIGER 유로스탁스50(합성)
17주 매수.
KOSEF 인도Nifty50(합성)
16주 매수.
ARIRANG 미국다우존스고배당주(합성)
16주 매수.
TIGER 우선주
17주 매수.
TIGER 글로벌자원생산기업(합성 H)
17주 매수.

ARIRANG 선진국(합성 H)
10,770원 X 6주 = 64,620원
매도 완료. 총 보유 44주
수익 3,060원

TIGER S&P500선물(H)
31,090원 X 7주 = 217,630원
매도 완료.
총 보유 61주
수익 5,936원

KINDEX 베트남VN30
14,355원 X 13주 = 186,615원
매도 완료.
손실 25,285원

KODEX 선진국 MSCI World
12,005원 X 17주 = 204,085원
매도 완료.
수익 2,720원

TIGER 대만 TAIEX선물(H)
11,930원 X 16주 = 190,880원
매도 완료.
손실 8,800원

KINDEX 러시아 MSCI(합성)
20,410원 X 9주 = 183,690원
매도 완료.
손실 19,800원

TIGER 글로벌4차산업혁신기술(합성)
10,885원 X 19주 = 206,815원
매도 완료.
손실 1,995원

ARIRANG 신흥국MSCI(합성 H)
11,430원 X 24주 = 274,320원
매수 완료. 보유 52주

TIGER 유로스탁스50(합성)
11,695원 X 17주 = 198,815원
매수 완료.

KOSEF 인도Nifty50(합성)
12,470원 X 16주 = 199,520원
매수 완료.

ARIRANG 미국다우존스고배당주(합성)
12,470원 X 16주 = 199,520원
매수 완료.

TIGER 우선주
11,525원 X 17주 = 195,925원
매수 완료.

TIGER 글로벌자원생산기업(합성 H)
11,410원 X 17주 = 193,970원
매수 완료.

5월 3일에 《3천만원》 만화 간담회를
자문위원 네 분과 허영만과
가디언 출판사 대표와
삼성증권이 함께 가졌다.

그날 있었던 얘기를 간추렸다.

이성호

주식 매매는 자기 기준을 정해서
철저히 지켜야 한다.
가상화폐는 잘 알지 못하지만
이것만은 확실하다.
누구나 사고 싶어 할 때는 위험하다.
고점일 수 있다.

하웅

누구나 관심을 갖고 있는 주식을 매매하라.

이성호

누구나 관심을 가지는 주식은 위험하다.
관심을 가지지 않을 때 사라.

(어? 어? 두 분은 반대 의견을…)

**쿼터백
자산운용**

우리 회사는 연 7~10%의 수익을
기본으로 운용하고 있다.
한 해 두 해는 수익이 작아 보일지라도
복리를 이해하면 얘기가 달라진다.

**VIP자문
최준철**

주식으로 돈을 벌되 리스크는 줄이자.
주식은 기업의 소유권이다.
모두가 관심 없는 싼 주식을 사라.

하웅

'케이스 바이 케이스'다.
자신에게 맞는 방식을 찾아야 한다.

(하웅 씨는 단타 위주의 매매를 하면서 작년 8월 이후 《3천만원》 만화 ②번 계좌 600만원을 1,200만원으로 키워냈다.)

VIP자문
최준철

매도 방법은 세 가지가 있다.
① 기대치 수익을 빨리 달성했을 때.
② 아이디어가 틀렸을 때.
③ 애인이랑 사귀다가 더 매력적인 여자를 발견했을 때.
　(적절한 표현이지만 이런 발언은 위험합니다.)

결국 싸고, 팔지 않아도 되는 종목을 발견하는 것이 성공하는 방법이다.

하웅

손절은 5% 넘기지 않는다.
물타기 안 하고 주가가 떨어지면 바로 판다.
주가가 올라가고 있을 때
더 사는 경우도 있다.

신민식
가디언 대표

고스톱 선수는 쓰리고 안 부르더라.
패가 어지간히 좋지 않으면 치지 않는다.

정말이다.
홍단 두 장 들었다고 치지 않는다.

세 장 들어야 치더라.

VIP자문
최준철

직원 채용 면접 볼 때 이력서 먼저
살피듯이 회사(종목)를 리서치한다.

매일 보고서를 책상에 30㎝ 정도의
높이로 쌓아놓고 훑는다.

종목 선정은 경마에서
말과 그 기수를 고르는 것과 같다.
말은 사업의 품질이고 기수는
경영진의 능력이다.
실력 좋은 기수가 모는 좋은 혈통의 말을
선택하면 우승한다.

이성호

행복해지고 싶어서
주식 매매 시간을 줄이고 있다.

짧은 거래만 한다.

3
천
만
원

하웅

스트레스는 주식투자자들과
술과 대화를 해야 풀린다.
주식을 할 때 손절매를 잘해야 한다.
손절매 잘하면 주식 고수라 했는데…

그렇다면 내가 주식 고수다.
나는 손절매의 왕이다.
조금 떨어지면 막 팔고 싶다.

이성호

투자한 돈이 생사가 걸려 있는
전 재산이라면 손절매를
쉽게 하지 못한다.
허 선생님은 전 재산을 걸고
매매하지 않으니까
손절매를 잘하는 것이다.

깽.

**신민식
가디언 대표**

남북회담, 북미회담 후에
시장은 어떻게 변할까?

하웅

남북회담의 영향과 시세는
북미회담 후까지 연결될 것이다.

**VIP자문
최준철**

이미 영향을 많이 받아
대박이 난 종목은
실제 상황이 벌어졌을 때
영향이 미미할 것이다.

이성호

전쟁이 없을 것이라는
긴장 완화의 수준이지
큰 영향은 없을 것이다.
"모두 아는 재료는 재료가 아니고
모두 아는 원칙은 원칙이 아니다."

44
안 될 때는 잘되는 사람을 따라 해라

만화가 이현세 씨가 한창 날리던 시절
이런 B급 작가가 많았다.

이런 작가는 당연히 작가로서 대우받지 못했다.
허나 주식투자는 다르다.

고전할 때는 쉬어 가거나
주식 도사의 매매 방법을
모방하는 것도 한 방법이다.

주식 도사 1억 벌 때 6천만원 벌면 어떠랴.

주식투자에 성공하는 쉬운 방법의 하나이다.

오기는 파멸의 신

월가에도 "고집은 파멸의 근본"이라는
말이 있다. 시장을 거스르는 오기는
큰 손실로 이어진다는 말이다.
고집을 버리고 시장을 살피고
객관성을 유지해야 한다.

전부 다 버려라

주식 도사들은 어떻게 해서
억만장자가 되었을까?

주식 승부는 인생사의 치열한 드라마다.

주식 도사들은

욕심을 버렸고

공포를 버렸고

미련을 버렸고

불안을 버렸고

초조를 버렸고

고정관념을 버렸고

흥분하지 않았다.

주식이라는 드라마에서
우뚝 서기 위해서는 많은 것을 버려야 한다.

종목 매매 들어갑니다.
5월 8일(화) ~ 5월 11일(금)

5월 8일(화)

 허영만

제주항공

나머지 전부 매수.

제주도 가고 싶어?

자문단이 안 움직이니까
자기가 움직이는겨?

유커들이 몰려오고 있대.

49,250원 X 10주 = 492,500원
매수 완료.

 하웅

애경산업

46주 매도.

50,300원 X 46주 = 2,313,800원
매도 완료.

수익 293,388원

5월 9일(수)

하웅

아모레퍼시픽

추가 매수.

352,500원 X 6주 = 2,115,000원
매수 완료.

5월 10일(목)

······

5월 11일(금)

······

자문위원 모두 북한과 미국의
회담 결과를 본 후 매매할 생각인가?
남북회담 기대 수혜주는
천정부지로 올라가고 있는데
자문위원들은 움직이지 않고 있다.
세계는 북미회담의 향방에
집중하며 숨죽이고 있다.
분명 한 번의 회담으로 끝나지는 않을 것이다.

영만이의 투자일지 ⑩

요즘 남북회담 기대 수혜주가
엄청나게 오르기 때문에
따라가기도 무섭고
다른 주식 가격은
변화가 미미해 성에 차지 않는다.

보유종목을 살펴보자.
다섯 종목 중 메가스터디를 빼고
아진엑스텍·텔콘·신라젠·제주항공이
손실을 보고 있다.
계좌 총자본 금액 6,136,903원이
5,393,627원으로 줄어들었다.
손실 12.11%.
무섭다.

이것이 내 가족의 생활을 책임져야 할
돈의 전부였다면…

한가하게 놀면서 룰루랄라 투자하는 것처럼
보이는 전문투자가들도
사실은 안 보이는 곳에서
열심히 공부하고 있다는 것을 잊은 것이다.

처음 계좌를 인수받았을 때
매매하고 종일 핸드폰의 시세표를
눈에 달고 살았는데
그것이 마땅치 않아서
시세표 보는 시간을 대폭 줄였다.

게다가 처음 1개월은 수익률이 4%대여서
"혹시 내가 주식투자의 천재가 아닐까?"하고
스스로를 띄웠던 적이 있다.
그러나 현실은 냉정했다.

이대로 지속된다면 깡통 차기 딱이다.
영만이의 투자 성향이나 환경적 영향으로
봐서는 가치투자 쪽이 분명하다.
하지만 그것으로 독자들의 욕구를 채울 수 없다.
가치투자와 단기투자를 병행해야 하겠다.
뜻있는 독지가의 종목 동냥을 기대합니다.
흑흑.

편입 종목 1분기 실적 분석

제주항공이 1분기 매출 3,086억원,
영업 이익이 464억원으로
1분기 사상 최대 실적을 기록했다.
이는 15분기 연속 흑자 기록이다.
(네이버 뉴스)

VIP자문
최준철

제주항공이 고성장을 입증하는
좋은 실적을 냈습니다.
유가가 올라 심리적으로
주춤할 수 있겠지만 투자 아이디어가
계속 유효하니 길게 보고 지속 보유합니다.

대한약품 1분기 실적이 나왔습니다.
매출액, 영업 이익, 순이익이 전년 동기 대비
각각 13%, 20%, 24% 증가했습니다.
자동화 설비 효과로 영업 이익률이
22%까지 올라갔습니다.
(아이템이 수액임을 고려하면 놀라운 숫자)
지속 보유에 손색이 없습니다.

편입 종목들 실적을 간단히 분류하면
대한약품, 제주항공, 동원산업, SK의 실적은
매우 우수. 광주은행은 보통.

전략 없이 승리 없다

SK가스는 일회성 비용이 있었지만
본업은 턴어라운드.
메리츠금융지주는 본질은 양호하지만
회계적으로 과소계상 중입니다.

제가 작년 말부터 쌍용양회와 휠라코리아를
추천할까 말까 하다가 말았는데
결국 아쉬운 결과가 됐습니다.
저희는 편입 종목이 40개쯤 되니까
이것저것 다 있는데, 만화는 압축해서
추천하다 보니 이런 일이 발생하네요.

3
천
만
원

45
재료 없는 시세가 큰 시세

"주가는 재료 안에 있다"라는 말처럼
재료는 큰 역할을 한다.

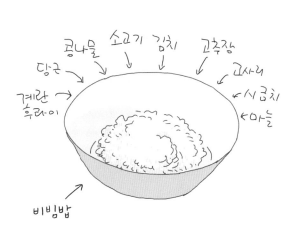

그러나 주가는 재료보다
수급이 결정적인 역할을 한다.

주식시장에서는 공급보다 수요가
절대적인 힘을 갖고 있다.

주식시장의 수요는
주식을 사려는 자금을 말한다.

수요가 늘면 공급이 줄고

수요가 줄면 공급이 늘어난다.

←티스푼

주식시장으로 자금이 쏟아져 들어오면
주가는 재료 없이도 크게 오른다.

한정된 효과를 지닌 재료 시세보다는
자금에 의해서 움직이는 시세가
훨씬 크고 오래간다.

전략 없는 곳에 승리 없다

증시는 전쟁터이다.

전쟁(증시)에서 단순히 무기(자금)가 많다고
이기는 것은 아니다.

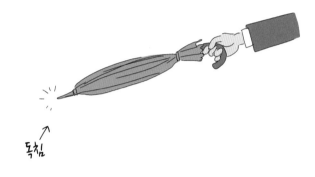

제한된 자금으로 효과적인
전략이 있어야 한다.

독침

젊은 시세는 무조건 사라

주식은 현재 오르고 있는 주식이
가장 오를 가능성이 높은 주식이다.

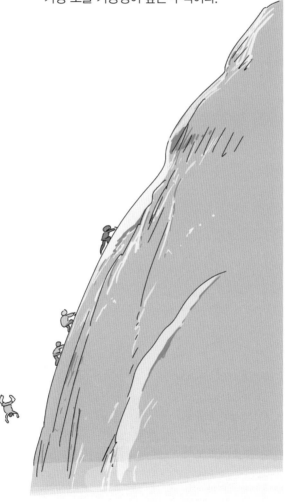

갑자기 오르는 주식에 대한 불확실성과
지속성에 대한 의심으로 일반 투자가들은
이런 주식을 사는 데 주저한다.

그러나 주가가 오르는 데는
반드시 이유가 있다.

주가가 안정권에 있으면서
시세가 젊다(상승추세의 초기국면)고 판단되면
과감하게 투자하라.

"조금만 더 조금만 더"는 손실로 가는 길

주식투자는 목표 수익을 정해서
투자하는 것이 정석이다.
목표 수익에 도달했을 때는
냉철하게 차익을 실현하고 현금화하라.

그러나 욕심이 지나쳐서
조금만 더 조금만 더, 하다가
매도 시기를 놓치면
결국 손해를 보고 팔게 된다.

손절매도 마찬가지다.

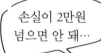

손실이 2만원
넘으면 안 돼…

손실3%
⇒매도 !!

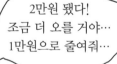

2만원 됐다!
조금 더 오를 거야…
1만원으로 줄여줘…

머뭇거리다가 손실은 더 커진다.
'조금만 더'는 콩나물 살 때나 쓰는 말이다.

종목 매매 들어갑니다.
5월 14일(월) ~ 5월 18일(금)

5월 14일(월)

······

5월 15일(화)

······

5월 16일(수)

하웅

아모레퍼시픽

전량 매도.

328,500원 X 18주 = 5,913,000원
매도 완료.

손실 384,000원

5월 17일(목)

하웅

오리온

20주 매수.

131,500원 X 20주 = 2,630,000원
매수 완료.

애경산업

20주 추가 매수.

48,255원 X 20주 = 965,100원
매수 완료.

오리온

131,500원에
나머지 금액 매수.

131,500원 X 18주 = 2,367,000원
매수 완료.

애경산업 총 130주
오리온 총 38주입니다.

VIP자문 최준철의 종목 분석

**VIP자문
최준철**

> 애경산업은 AK홀딩스의 주요 자회사로
> 오랫동안 지켜본 종목이고, 오리온은
> 중국 전략의 변화가 느껴져 최근 보는 중인데
> 하웅 선수가 발 빠르게 올라탔네요.
> 대단한 감각입니다.

> 첨언을 하자면 애경산업은 마케팅은
> 좀 약하지만 워낙 견미리팩트의
> 제품 경쟁력이 높아 직구부터 시작해
> 중국에서 볼륨을 계속 늘려갈 걸로 보이구요.

> 오리온은 중국 유통망 개선으로 매출은 늘고
> 비용은 줄어 좋은 숫자를 냄과 동시에
> 국내에서도 히트를 친 꼬북칩의 중국 출시로
> 좋은 반응을 얻어낼 것으로 예상합니다.

5월 18일(금)

이성호

> CSA코믹스

> 시초가 300만원 매수.

현대통신

시초가 100만원 매수.

CSA코믹스
13,800원 X 215주 = 2,967,000원
매수 완료.

현대통신
12,000원 X 82주 = 984,000원
매수 완료.

CSA코믹스

매도.

13,900원 X 215주 = 2,988,500원
매도 완료.

수익 21,500원

46
주식과 결혼하지 마라

자기가 가진 주식에
지나친 애정을 가지고 장기간 보유하면
매도할 기회를 놓쳐버린다.
손해를 보고 있는 주식을 잡고
장시간 버티다가는 손실만 늘어날 뿐이다.

적당히 사귀고(차익 실현)
헤어질 줄 알아야 한다.

확신이 생기면 과감하게 투자하라

확신이 들면 가격에 구애받지 마라.
질러라.

지나치게 신중하면
큰돈 못 번다.

하루 이틀의 잔파도는 타지 마라

하루하루의 주가 등락은
거의 100% 우연성에 의해 결정되기 때문에
그것을 예측하고 매매에 성공하는 것은
거의 불가능하다. 1일, 2일, 3일 단위의
초단기 매매는 손실만 쌓아간다.

하웅 씨는
현재 더블 스코어를
넘었어.

단타검객 하웅 씨의
솜씨를 봤으면
이런 말이 안 나왔을 거야.

하웅 씨의 단타 솜씨는
증권투자가들도 혀를 내두를 정도다.
부럽다고 흉내 낼 수도 없다.
하웅만의 '촉'이 있는 것이다.

하루 종일 시세판을 보고 있어도
돈을 볼 수 없다

주식 매매를 시작하면
주가 변화가 궁금해서
시세에 매달리게 된다.

그러나 시세를 잘 알아도
투자의 성공에는 도움이 되지 않는다.

시세 분위기에 휩쓸려 뇌동매매를 하게 되므로
가급적 시세판을 보지 않는 것이 좋다.

종목 매매 들어갑니다.
5월 21일(월) ~ 5월 25일(금)

5월 21일(월)

……

5월 22일(화)

석가탄신일 시장 휴무

내 계좌에 편입시킬 종목 부탁해요.
마이너스예요. 흑.

 VIP자문
최준철

화백님 스타일을 알 수 없어서…
스타일을 찾아가는 과정이시겠죠?

만화가로서 스토리 작가에게
"뭐든 간에 독자들이 많이 볼 만한
소재를 줘"라고 두리뭉실하게
얘기하지 않죠? 난 이번에
이런 소재로 그려보고 싶어, 라고
하시면 추천해보겠습니다.

그렇죠. 스토리 작가가 스토리를
쓰기 전에 소재가 연재할 매체에
맞는지 살피고 전개 방향을 상의하죠.

수익을 내는 건 기본이지만
아무래도 단타는 무리고 1~2개월
묵혀둘 만한 걸로요.
단타는 만화 영업에
막대한 지장이 있거든요.

실적이 좋아질 회사를 원하시나요?

가능성이 큰 회사가 아무래도 좋죠.
최 대표가 항상 말하듯
싸고 좋은 종목 말이죠.
사실 제일 원하는 것은
아들이나 손자에게도 권할 수 있는 종목.
워런 버핏의 코카콜라나 질레트같이
망하지 않고 가능성이 무한한 회사.

KT&G 추천합니다.

1) 담배 인구가 줄겠지만 워낙 고마진
   아이템이고 없어질 리가 없습니다.
   게다가 작년에 1조 이상 수출을 할 정도로
   해외 경쟁력이 있어 성장이 이어질 것이고
   궐련형 전자담배 '릴'의 도입으로
   시장의 판이 바뀌게 될 겁니다.

2) 100% 자회사인 한국인삼공사에서
   최강의 브랜드인 정관장으로 홍삼을
   팔고 있습니다.

이 역시 해외 경쟁력이 있으며
에브리타임 등의 신제품으로 국내 포지션도
견고하게 유지될 전망입니다.

3) 현재 배당수익률은 4%입니다.
   앞으로 돈 버는 만큼
   상향될 가능성이 높습니다.
   배당이 있으면 장기투자에 유리하죠.
   KT&G는 사업 특성상 배당을 많이 해도
   사업 유지에 전혀 영향이 없습니다.

오리온

가격이 좀 비싸긴 하지만
괜찮은 종목입니다.
한국 기업 중에 중국에서의
존재감이 최고입니다.

Gooood!

결국엔 화백님 선택의
몫입니다. ㅎㅎ

땡큐.

5월 23일(수)

허영만

신라젠

절반 매도 후 오리온 매수.

부처님 오신 날
절에 가서 무슨 말 들었어?

콱 잘라버리기 전에
말 들어!

아… 알았어.

75,500원 X 9주 = 679,500원
매도 완료.

손실 94,500원

오리온
129,000원 X 5주 = 645,000원
매수 완료.

텔콘RF제약

35주 매도.

12,700원 X 35주 = 444,500원
매도 완료.

손실 94,500원

아진엑스텍

40주 매도.

12,950원 X 40주 = 518,000원
매도 완료.

손실 82,000원

텔콘RF제약과 아진엑스텍
매도 금액으로 KT&G 매수.

KT&G
99,700원 X 10주 = 997,000원
매수 완료.

비싼 주라서 몇 주 못 사는구나.

아우, 이렇게 잘라먹다간
금방 본전 날아가겠다.

오리온은?

기존 오리온에서 음식료품 사업 부문이 인적 분할되어 재상장된 업체.

비스킷·초콜릿·껌·파이·스낵 등의 각종 과자류를 생산·판매하는 업체.

대표상품 초코파이를 비롯해 다수의 히트상품을 보유. 특히 중국, 베트남, 러시아 등 해외 제과 시장에서 성장을 거듭하는 중. 주요 제품으로는 초코파이·포카칩·초코칩쿠키·다이제·고래밥 등이 있으며 닥터유 시리즈와 마켓오 시리즈 제품을 출시.

• 최대주주 : (주)오리온홀딩스 외 45.34%

KT&G는?

국내에서 독점적 지위를 차지하고 있는 담배 제조·판매 업체.

주요 상표는 에쎄·레종·더원·보헴·타임·디스플러스·심플·디스 등. 한국인삼공사, 영진약품공업, 태아산업 등을 자회사로 보유.

• 최대주주 : 국민연금공단 8.71%
• 주요주주 : 중소기업은행 6.93%

5월 24일(목)

VIP자문
최준철

어제 동원산업 탐방을 다녀왔는데
고기 가격도 높고 고기도 잘 잡혀서
2분기도 1분기에 이어
실적이 좋을 것 같습니다.

물류 부문 강화로 실적의 부침이
덜해지는 것도 긍정적인 점이고,
적자 내던 아프리카 자회사가 하나 있었는데
이걸 결국 흑자로 돌려놓은 것도
매우 인상적이었습니다.
동원그룹은 경영을 참 잘합니다.

그래서 계속 보유.

5월 25일(금)

VIP자문
최준철

광주은행

11,150원에 전량 매도.

남은 금액 모두 코리안리
12,850원에 매수.

광주은행
11,150원 X 41주 = 457,150원
매도 완료.

손실 34,850원

코리안리
12,850원 X 44주
매수 주문 완료.

코리안리

12,950원으로 매수가 수정.

12,900원 X 44주 = 567,600원
매수 완료.

광주은행도 물론 절대 저평가이지만
코리안리도 만만치 않게 쌉니다.
덜 매력적인 걸 팔아서 더 매력적인 걸
사는 매매 결정입니다.

보험사를 위한 보험이라 할 수 있는
재보험 시장에서 독보적 국내 1위이지만
이런저런 이유로 주가가 12년간
제자리걸음이었습니다.
이제 디스카운트 요소가 풀릴 때라 봅니다.

금리가 그간 내리기만 하다 상승 쪽으로
추세를 바꿔서 운용수익률 개선이
있을 것이고요, 더불어 전 세계적인
공급 완화로 경쟁도 줄어들 겁니다.
특히나 작년 대재해로 효율이 올라간 터라
올해 실적도 큰 폭의 개선이 기대됩니다.

아마추어랑 계산법이 다르군요.

같은 금융업종이라
스위칭이 좀 더 용이했습니다.

오랜만에 매매했네요. ㅎㅎ

코리안리는?

국내 유일의 전업 재보험(보험회사가 인수한 계약
의 일부를 다른 보험회사에 인수시키는 것으로 "보험
을 위한 보험"임) 회사.
손해보험업과 생명보험업 영위.

- 최대주주 : 장인순 외 22.43%
- 주요주주 : 국민연금공단 8.03%
　　　　　　한국투자밸류자산운용(주) 5.94%

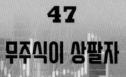

47
무주식이 상팔자

전략 없이 승리 없다

무자식이 상팔자(無子息上八字)
자식 없는 것이 걱정이 적어서
편하다는 말이다.

무주식이 상팔자(無株式上八字)다.
주식이 없는 것이
걱정이 적어서 편하다는 말이다.
그런데 왜 주식투자가는 자꾸 늘어갈까?

주식 격언은 이것으로 끝내고
다음 회부터는 국내외 주식투자자들의
성공담과 실패담을 그리겠습니다.
기대해주세요.

5월 28일(월)

 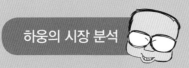

 하웅

현재 시장의 핵심인
남북경협주·바이오주의 급락,
급등의 연속입니다.

단기 매매를 지향하는 저이지만
편입 안 하는 이유는 너무나 심한
가격 변동으로 투기적 매매를
부추기는 결과가 올까 부담됩니다.

당분간 실적기대주식 위주의
중기 매매 이어가겠습니다.

또한 바이오주·경협주 둘 다
저는 테마주라 생각하지 않습니다.

잠이 안 와서 몇 글자 적어봤어요.

등락 폭이 잠잠해지며 시장 대응이
원활해질 즈음 다시 단기 매매 이어가서
만화의 스토리와 수익률에
기여하겠습니다. 조만간.

경협주 관심이 많을 터인데
까먹더라도 편입을 한 번 해서
스토리에 넣었어야 했는데
아쉽네요.

자주 일어나는 일도 아닌데…

맞아요. 테마주에 편승해서
너울 파도를 탔으면 독자들이
재미있어 했을 텐데…

잠도 설치면서 만화에
신경 써줘서 고마워요~♡

한잔하고
글 넘 많이 썼네. ㅎㅎ

화이팅입니다.

선수 중 선수 하웅 씨도
잠을 설치면서
시장 걱정을 하네요.
세상 공짜 없습니다.

87
전략 없이 승리 없다

종목 매매 들어갑니다.
5월 28일(월) ~ 6월 1일(금)

5월 28일(월)

⋯⋯

5월 29일(화)

⋯⋯

5월 30일(수)

⋯⋯

3 천만원

돛배를 탈 때

풍랑이 거세도
위험하지만

바람이 없어도 꼼짝 못 합니다.
조난이죠.

3
천
만
원

6월 1일(금)

하웅

애경산업

70주 매도.

58,286원 X 70주 = 4,080,020원
매도 완료.

수익 971,090원

애경산업
잔여 주식 60주.

월간 누적 수익률 (5월 1일 ~ 5월 31일)

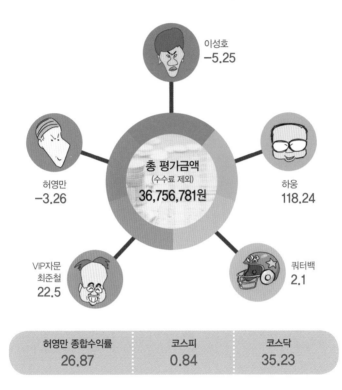

이성호
−5.25

하웅
118.24

쿼터백
2.1

VIP자문
최준철
22.5

허영만
−3.26

총 평가금액
(수수료 제외)
36,756,781원

허영만 종합수익률	코스피	코스닥
26.87	0.84	35.23

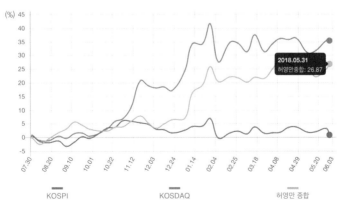

2018.05.31
허영만종합: 26.87

KOSPI   KOSDAQ   허영만 종합

2장

주식에 투자하지 않고
기업에 투자한다

48
여의도의 타짜들
박영옥(1)

"타짜"란 본인의 노름 만화의 제목이다.
어떤 분야에서 발군의 실력을 가진
사람이라는 뜻인데
노름 타짜, 야구 타짜, 연애 타짜 등등
많은 타짜들이 있다.
여기에서는 주식 타짜를 다룰 것이다.

여의도의 주식시장에는
워낙 운용 규모가 커서
사방에서 알아주는 타짜도 있지만
곳곳에 숨어서 개인적인 투자를 하는 타짜들은
서로를 잘 알지 못하는 경우도 있다.

자타가 공인하는 최고의 타짜에 대한
인터뷰는 실패했다.
바깥세상에 노출되어야 이로울 것이 없다는 것이다.
이해한다.

책으로 알게 됐거나 인터뷰가 가능했던
여의도 타짜들의 스토리는
큰 줄기에서 비슷한 것들이 많다.
처음에는 잘나가다가 왕창 까먹고
한강에 한 번씩 갔다 와서 재기했다거나
혼란스러웠던 순간은 IMF와 9.11 테러 사건 때였다는
이야기 등이 어김없이 나온다.
그러나 그 어려웠던 순간을 타짜들은 기회로 삼았고
디딤돌을 마련했다는 것이다.

주식에 투자하지 않고 기업에 투자한다

과거의 얘기라서 다시 그런 순간이 온다면
우리도 주식으로 큰돈을 만질 수 있을 것이라는
생각이 들 수 있다. 하지만 그것은 쉽지 않다.
우리는 그네들처럼 준비가 되지 않은
맹탕들이기 때문이다.
그래서 우리도 기회가 왔을 때 놓치지 않도록
여의도 타짜들의 발자취를 배워야 한다.
이것이 부자로 가는 길이다.

박영옥 (57세)

경력:
현대 투자 연구소·대신증권·국제투자자문 펀드
매니저를 거쳐 1997년에 교보증권 압구정 지점장.
기업의 가치에 투자하는 "농심 투자법"으로 한때
연 50% 이상의 투자 수익을 거두면서 "주식 농부"
로 널리 알려져 있다.
저서로는 《주식, 농부처럼 투자하라》
《얘야 너는 기업의 주인이다》
《주식 투자자의 시선》
《돈, 일하게 하라》 등이 있다.

박영옥은 전북 장수 덕유산 자락의
작은 산골 마을에서 태어났다.

아버지가 병석에 누워 계시다가
2년 만에 돌아가셨는데
그때 영옥의 나이가 일곱 살이었다.

주식에 투자하지 않고 기업에 투자한다

남은 것은 가난과 어머니와 4남매뿐이었다.

어머니는 마을마다 돌아다니면서
생선 장사와 소쿠리 장사를 하셨고
품앗이를 많이 하셨다.

영옥은 땔감을 해와야 했고
방학 때는 광산에서 학비를 벌어야 했다.

초등학교 6학년 때

어무이,
산에 갔다
오께잉.

음마! 오늘 평일인디
학교는 안 가고
산에는 왜 간다요?

어머니는 나중에 아셨다.
다른 아이들은 수학여행을 갔고
영옥이는 여행비를 내지 못해
따라가지 못했다는 것을…

주식에 투자하지 않고 기업에 투자한다

그렇다. 큰 문제였다.

영옥은 공부를 잘했지만
중학교에 진학할 무렵이 되자
공부를 잘하는 것이
집안의 고민거리가 되고 말았다.

3
천
만
원

어린 나이에 어렵게 한
결정이었지만
그것이 쉬운 결정은 아니었다.

주식에 투자하지 않고 기업에 투자한다

이런 결정, 저런 결정을 해도
후련한 답은 없었다.

이때 은인이 나타난다.

주식에 투자하지 않고 기업에 투자한다

40년이 지난 지금
그가 나무 구해 오던 산은
숲이 울창해서 들어갈 수 없다.

여기 오면
욕심나는 게 있다.

간벌 때문에 쌓인
나무들이 아깝다.
지금은 쓸모없지만
한 트럭 실어가고 싶다.

중학교는 장학금이 있어서
무난히 다닐 수 있었지만
같은 문제가 또 생겼나.

종목 매매 들어갑니다.
6월 4일(월) ~ 6월 8일(금)

6월 4일(월)

하웅

오리온

15주 147,000원 매도 주문.

주문 완료.

주문 취소.

취소 완료.

매수 가능 금액은?

4,170,575원

6월 5일(화)

하웅

코스맥스

166,000원 25주 매수 주문.

주문 완료.

매수 취소.

취소 완료.

하웅 씨, 주문 취소도 좋으니
자주 해줘요.
그래야 살아있다는 것을
독자들에게 보여줄 수 있어요.

쿼터백
자산운용

3 천만원

종목 코드	종목명	기존 목표 비율	변경 목표 비율	비율 변화	필요 매매 수량
195970	ARIRANG 선진국 (합성 H)	7.4	6.7	− 0.7	4주 매도
195980	ARIRANG 신흥국MSCI (합성 H)	9.3	0.0	− 9.3	전량 매도
195930	TIGER 유로스탁스50 (합성)	3.3	0.0	− 3.3	전량 매도
200250	KOSEF 인도Nifty50 (합성)	3.3	2.4	− 0.9	4주 매도
143850	TIGER S&P500선물(H)	29.8	26.6	− 3.2	6주 매도
213630	ARIRANG 미국다우존스 고배당주 (합성)	3.3	0.0	− 3.3	전량 매도
132030	KODEX 골드선물 (H)	9.5	0.0	− 9.5	전량 매도
261140	TIGER 우선주	3.3	0.0	− 3.3	전량 매도
276000	TIGER 글로벌자원생산기업 (합성 H)	3.3	0.0	−3.3	전량 매도
217790	TIGER 가격조정	3.3	0.0	− 3.3	전량 매도
241180	TIGER 일본니케이225	0.0	2.4	2.4	11주 매수
248270	TIGER S&P글로벌헬스케어 (합성)	0.0	2.4	2.4	14주 매수
251590	ARIRANG 고배당저변동50	0.0	2.4	2.4	13주 매수
263190	ARIRANG 단기우량채권	19.0	47.5	28.5	34주 매수
269370	TIGER S&P글로벌인프라 (합성)	0.0	2.4	2.4	15주 매수
276970	KODEX 미국 S&P고배당 커버드콜 (합성)	0.0	2.4	2.4	15주 매수

* 목표 비율 변경되는 부분과 필요한 매매 수량 (매수·매도) 기재하여 드립니다.
 (기재되지 않은 종목은 기존의 투자비중으로 투자 유지합니다.)

* 이번 매매는 월간 정기 리밸런싱으로 포트폴리오 변화폭이 크게 나타납니다.

* 가격은 현재가로 해주시되, 호가갭이 너무 크게 벌어져 있는 경우 매매 전 상의 부탁 드립
 니다. (특히 ETN의 경우 거래량 부족, 호가갭 문제 발생 가능)

종목 코드	종목명	종목 설명
195970	ARIRANG 선진국 (합성 H)	MSCI EAFE 지수(MSCI가 분류하는 선진국지수: 미국, 캐나다를 제외한 유럽, 호주 및 기타 선진국)를 추종하는 종목으로 선진국 개별 국가보다는 미국을 제외한 선진 지역과 연동된 투자에 적합한 대표 종목
195980	ARIRANG 신흥국MSCI (합성 H)	MSCI EM 지수(MSCI가 분류하는 신흥국지수: 한국, 인도, 브라질, 러시아 등 Emerging Market)를 추종하는 종목으로 특정 국가보다는 신흥국 전체 시장의 움직임과 연동된 투자에 적합한 대표 종목
195930	TIGER 유로스탁스50 (합성)	유럽의 대표지수인 Euro Stoxx 50지수 (유럽 12개국 증시에 상장된 기업 중 50개 우량 기업을 선정하여 만든 주가지수)를 추종하는 유럽 투자종목
200250	KOSEF 인도Nifty50 (합성)	인도 대형주 50개 종목으로 구성된 니프티 50 지수를 추종하는 대표적인 인도 투자종목
143850	TIGER S&P500선물 (H)	미국 S&P500지수(S&P가 기업규모, 유동성, 산업대표성 등을 감안하여 선정한 미국의 대표기업 500종목으로 구성된 종합지수)를 추종하는 대표적인 미국 투자종목
213630	ARIRANG 미국다우존스 고배당주 (합성)	미국에 상장된 배당수익률이 우수한 100개 기업을 추종하는 지수(Dow Jones U.S. Select Dividend 지수)로 대표적인 미국 배당주 투자 종목
132030	KODEX 골드선물(H)	미국 상품거래소에 상장되어 있는 금 가격에 연동되는 종목으로 국제 금 가격의 움직임을 반영하는 대표적인 귀금속 종목
261140	TIGER 우선주	한국거래소가 발표하는 '코스피 우선주 지수'를 기초지수로 하는 종목. 우선주는 의결권이 없는 대신 보통주에 비해 배당금을 높게 수취할 수 있는 종목을 뜻하며, 안정적인 배당수익과 자본이득 추구에 적합한 종목

주식에 투자하지 않고 기업에 투자한다

종목 코드	종목명	종목 설명
276000	TIGER 글로벌자원생산기업 (합성 H)	모닝스타가 발표하는 전 세계 45개국 천연자원 관련 업스트림 (주로 탐사와 생산 등) 기업 120종목으로 구성된 종목으로, 원자재 가격 상승 수혜, 다양한 분산투자 목적에 부합하는 대체투자 종목
217790	TIGER 가격조정	대표적인 역발상 종목으로 최근 2년간 수익률이 높았던 상위 60개 종목 중 한 달간 주가 하락폭이 큰 30개 종목을 골라 투자하는 전략을 활용. 장기적으로 양호한 종목 중 단기 낙폭 과대 종목에 선별하는 전략
241180	TIGER 일본니케이225	일본의 대표지수인 니케이 225지수(도쿄 증권거래소 1부에 상장된 유동성 높은 225개 종목으로 구성된 지수)를 추종하는 대표적인 일반 투자종목
248270	TIGER S&P글로벌헬스케어 (합성)	글로벌 헬스케어 업종으로 분류되는 종목에 투자할 수 있는 업종 투자종목
251590	ARIRANG 고배당저변동50	FnGuide 고배당저변동 50 지수를 추종하는 종목으로, 배당수익률이 높으면서도 동시에 가격 변동성이 낮아 안정적인 종목을 선별하여 투자하는 종목
263190	ARIRANG 단기우량채권	국공채와 우량 회사채 및 CP 등에 분산투자할 수 있는 채권형 종목. 낮은 듀레이션으로 매력적인 분배금을 제공하는 대표적인 우량채권 ETF
269370	TIGER S&P글로벌인프라 (합성)	미국, 캐나다, 호주 등 인프라 선진국 주식에 투자하는 종목으로 에너지, 운송, 유틸리티 등 업종에 고르게 분산투자하여 높은 배당수익률과 안정적인 수익을 추구할 수 있는 대표 상품
276970	KODEX 미국 S&P고배당 커버드콜 (합성)	미국의 고배당 주식에 투자하는 한편 콜옵션을 매도하여 프리미엄 수익을 추구하는 커버드콜 전략이 결합된 종목. 미국 주식에 투자하면서 안정적인 인컴을 확보하는 투자 아이디어를 보유한 대표 종목

앗! 매매가 무더기로
쏟아진다아!

ARIRANG 선진국(합성H)
10,730원 X 4주 = 42,920원
매도 완료. 총 44주 보유.

ARIRANG 신흥국MSC I(합성H)
11,340원 X 52주 = 589,680원
매도 완료.

TIGER 유로스탁스50(합성)
11,465원 X 17주 = 194,905원
매도 완료.

KOSEF 인도Nifty50(합성)
12,275원 X 4주 = 49,100원
매도 완료. 총16주 보유.

TIGER S&P500선물(H)
32,425원 X 6주 = 194,550원
매도 완료. 총 61주 보유.

ARIRANG 미국다우존스고배당주(합성)
12,615원 X 16주 = 201,840원
매도 완료.

KODEX 골드선물(H)
9,545원 X 60주 = 572,700원
매도 완료.

주식에 투자하지 않고 기업에 투자한다

TIGER 우선주
11,230원 X 17주 = 190,910원
매도 완료.

TIGER 글로벌자원생산기업(합성 H)
11,510원 X 17주 = 195,670원
매도 완료.

TIGER 가격조정
27,960원 X 17주 = 475,320원
매도 완료.

TIGER 일본니케이225
13,105원 X 11주 = 144,155원
매수 완료.

TIGER S&P글로벌헬스케어(합성)
10,665원 X 14주 = 149,310원
매수 완료.

ARIRANG 고배당저변동50
11,125원 X 13주 = 144,625원
매수 완료.

ARIRANG 단기우량채권
51,090원 X 34주 = 1,737,060원
매수 완료. 총 57주 보유.

TIGER S&P글로벌인프라(합성)
9,550원 X 15주 = 143,250원
매수 완료.

KODEX 미국 S&P고배당커버드콜(합성)
9,762원 X 15주 = 146,430원
매수 완료.

하웅

에스모

잔액 전액 매수.

10,950원 X 380주 = 4,161,000원
매수 완료.

에스모는?

자동차 부품 제조 및 판매업체.
자동차용 전장부품인 와이어링 하니스를 설
계·제조하여 자동차 부품 모듈업체 및 자동차
업체에 공급 중. 르노삼성과의 안정적인 거래
를 유지 중. 신규 사업으로 전기차용 배터리 와
이어링 하니스를 LG전자, LG화학에 납품 중.
2018년 1월 자율주행 플랫폼 전문개발 전담 자
회사 '엔디엠' 설립.

• 최대주주 : 루트원투자조합 20.42%

6월 8일(금)

하웅

에스모

매도.

11,139원 X 380주 = 4,232,820원
매도 완료.

수익 71,820원

49
여의도의 타짜들
박영옥(2)

고교 진학

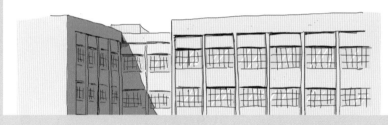

집안 형편은
나아진 것이 없었으니
여전히 돈이 문제였다.

이대로
주저앉을 수 없다!
내 문제는
내가 해결하자!

주식에 투자하지 않고 기업에 투자한다

중학교를 졸업하고 몇 개월을 보낸 뒤
서울로 올라갔다.

3
천
만
원

영옥은 당시의 상황을
불행하다고 생각하지 않았다.

뭐… 모두들 그렇게 살았으니까.

철이 일찍 들었다기보다는
천성이 낙천적이었다.

옛날에는 대도시에 사돈의 팔촌만 있어도
끼어들어 빈대살이를 했다.
객지 생활의 제일 큰 문제는
먹고 자는 것을 해결하는 것이었다.

서울의 고종사촌 형의 집도 여유가 없었지만,
그때는 그것이 도리인 줄 알고 영옥을 받아들였다.
요즘과 비교하면 있을 수 없는 일이다.
요즘은 정이 없다.

고종형 집은 방 두 칸에
일곱 식구가 살고 있었다.

그곳에서 며칠 지내다
다른 친척 형 집으로 옮겼다.

주식에 투자하지 않고 기업에 투자한다

그러나 직장생활과 학업은
같이 할 수 있는 것이 아니었다.
하루에 열두 시간씩 근무하고
한 달에 쉬는 날은 이틀뿐이었다.

1년 반을 그렇게 보낸 뒤
방송통신고등학교에 입학했다.
그의 나이 열아홉 살.
친구들이 3학년이 되었을 때
그는 1학년이 된 것이다.

방통고 2학년 때 대학에 가겠다고
마음먹었으나 공부할 시간이 생기지 않았다.

공장을 그만두고
불광동 시외버스 터미널에서
신문을 팔기 시작했다.

처음에는 신문을 사라는 말이
튀어나오지 않았다.

조간 신문 있어요!
스포츠 신문 있어요!

나…
나도…

그러나 곧바로 적응해나갔다.

조간 신문은 80원, 스포츠 신문은 100원.
한 부를 팔면 20원이 영옥의 몫이었다.

열두 시간 맞교대로 3년 넘게
일한 직장에서 월 12만원을 받았는데
하루 여덟 시간 신문을 파니까
한 달 평균 15만원,
어떤 달은 20만원이 생겼다.

그중 100원을 내고 거스름돈 20원을
되돌려 받지 않는 손님들은 짱이었다.

특수 장학생으로 4년 동안
등록금 면제, 월 10만원 보조금.

이 조건으로 중앙대학교
경영학부에 입학했다.

1987년 당시 주식시장은
온통 "빨간불"이었다.
유사 이래 처음으로
나라의 경상수지가
큰 폭의 흑자를 내고 있었다.

영옥은 그해 12월
증권분석사 시험에 합격했다.

이어서 현대 투자 연구소
선임연구원으로 일하기 시작했다.
11개월의 재직 기간 동안
증권사에서 10년 이상 근무한 것보다
더 많은 것을 배우면서
주식에 대한 기본이 다져졌다.

다음 직장은 대신증권.

영옥은 월급을 받으려고
일한 것이 아니었다.

내가 하는 일이
곧 내 사업!

증권사에서
고객들의 자산관리를
잘해서 수익이 나면
회사도 좋아지고
나도 좋아지니까!

4년 뒤 국제투자자문에 스카우트되었다.
또 3년 뒤 교보증권으로 옮겼다.

교보증권의 꼴찌 영업소인
사당 지점으로 발령되어서
3년 만에 최우수 점포로 만들었다.

1997년 9월, 37세에
압구정 지점장으로 발령이 났다.

아시다시피 압구정동은 부자들이 많은 동네다.
대학에서 4년 내내 장학금을 받았고
학생 때 증권분석사 시험에 합격하였고
학생 때 취업이 되었고
이후 내내 스카우트 제의를 받았고
영업 성적도 뛰어났던 박영옥.

이거 뭐…
세상살이
별것 아니구만!

그러던 박영옥에게
지독한 시련이 닥친다.

!!!

종목 매매 들어갑니다.
6월 11일(월) ~ 6월 15일(금)

6월 11일(월)

......

6월 12일(화)

이날은 북미 정상회담이 있었다.
남북정상회담과 북미정상회담의
수혜주에 관심이 가지만
이미 반영되어 있어서
휩쓸리면 위험하다고 한다.
이후 옥석이 가려지고 조정 기간이 지난 뒤
투자를 해야 한다고
모두들 조심스레 지켜보고 있다.

하웅

오리온

13주 매도.

152,000원 X 13주 = 1,976,000원
매도 완료.

수익 266,500원

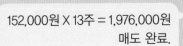

주식에 투자하지 않고 기업에 투자한다

하웅

매수 가능 금액은?

6,180,269원입니다.

바이오 종목 중 네이처셀의
주가 조작 혐의로 투자심리 위축.
매매 자제하겠습니다.

에스모

10,700원에 500주 재매수.

10,600원 X 500주 = 5,300,000원
매수 완료.

에스모

남은 금액 모두
11,150원에 매수.

11,150원 X 77주 = 858,550원
매수 완료.

에스모 매수 평균 단가는?

10,670원입니다. 577주 보유 중.

6월 13일(수)

지방선거일이라 휴장.

6월 14일(목)

이성호

서한 02:53

시초가 100만원 매수.

문배철강

시초가 100만원 매수.

현대비앤지스틸

시초가 100만원 매수.

앗! 이성호 씨
20일 만에 등장!

새벽 02:53 주문…
성호 씨는 박쥐 띠인가?

주식에 투자하지 않고 기업에 투자한다

서한
2,375원 X 416주 = 988,000원
매수 완료.

문배철강
3,515원 X 213주 = 748,695원
매수 완료.

현대비앤지스틸
13,650원 X 56주 = 764,400원
매수 완료.

서한
2,355원 X 10주 = 23,550원
추가 매수 완료.
매수 평균 단가 2,374원

문배철강
3,495원 X 73주 = 255,135원
추가 매수 완료.
매수 평균 단가 3,509원

현대비앤지스틸
13,350원 X 19주 = 253,650원
추가 매수 완료.
매수 평균 단가 13,574원

서한은?

대구·경북 지역의 중견 건설업체.
건축공사업·토목·주택건설·부동산 임대사업
등을 영위. 다수의 철도공사 시공 및 폐기물 처
리시설 공사 경험 업체.

- 최대주주 : 대왕레미콘 외 11.26%
- 주요주주 : 서한장학문화재단 9.85%
　　　　　　제산장학문화재단 8.33%

문배철강은?

스켈프·강판·형강·후판·코일·박판 등의 철
강 제품 생산업체. 포스코의 열연대리점으로 포
스코의 원재료 수급 정책에 따라 큰 영향을 받
음. 상장사인 NI스틸을 자회사로 보유.

- 최대주주 : 배종민 외 36.74%
- 주요주주 : 포스코 9.02%

현대비앤지스틸은?

현대자동차그룹 계열의 스테인리스 냉연강판
제조업체. 포스코 및 현대머티리얼(주)을 포함해
중국·대만 등으로부터 원재료를 구매하고 있
으며, 국내를 비롯해 유럽·중동·일본 등에 제
품을 공급 중.

- 최대주주 : (주)현대제철 외 46.10%

하웅

에스모

13,800원 전부 매도.

13,800원 X 577주 = 7,962,600원
매도 완료.

수익 1,804,050원

우와!
만화 시작 후
최고의 수익!!

현재 총평가금액
15,356,334원

주신株神
하웅 님,
이 시대의 빛이시고
차세대의
지도자십니다.

넙죽

에스모

단기 급등. 차익 실현.

애경산업

일본 홈쇼핑 매진. 보유 유지.

오리온

추세 유지 보유.

하웅 씨 맘대로 하세요~♡

현대비앤지스틸

전체 매도.

13,000원 X 75주 = 975,000원
매도 완료.

손실 43,050원

6월 15일(금)

하웅

애경산업

10주 재매수.

63,400원 X 10주 = 634,000원
매수 완료.

애경산업 70주 보유.
매수 평균 단가 47,276원

50
여의도의 타짜들
박영옥(3)

1997년 11월 한국 외환 위기.

고객의 돈을 단기 매매로 운용했는데
권유한 대로 따라 했던 고객들은
IMF로 인해 많은 손실을 보게 됐다.

그러자 박영옥은
"결정은 고객이 하는 것이니
손실은 내 책임이 아니다"라고 말하는 대신
어머니와 함께 살던 집을 팔아서
고객들의 손실을 막아주고
가족은 월세방을 전전했다.

2001년에는 9.11 테러가 일어나
세계 경제 시장을 강타했다.

그때 다니던 회사를 그만두고
전업투자자로 나섰다.
그동안 모아뒀던 3억 5천만원으로
뚝뚝 떨어져 있는 우량기업들의
주식을 사 모았다.

3
천
만
원

기업의 문제가 아니라 외부의 충격 때문에
발생한 일시적인 주가 하락이어서
곧 회복될 것으로 믿었던 것이다.

예상은 적중했다.

주식에 투자하지 않고 기업에 투자한다

6개월이 지났다.
주가는 회복되기 시작했고
어떤 주식은 세 배의 수익을
만들어주었다.

나는 주식에
투자하지 않고
기업에
투자합니다.

농부가
좋은 씨앗을 골라
좋은 날씨에 뿌려서
가꾸고 수확하는 것처럼,
급하지 않은 마음으로
좋은 기업을 골라서 투자한 뒤
성과를 공유한다는 자세로
주식투자를 해서
성공했습니다.

1920년대 말 미국은
대공황을 겪었다.

1939년 발발한
2차 세계대전 때는
전 세계적으로
6천만 명이 죽었고
일본에는
핵폭탄이 떨어졌다.

1950년에는
한국전쟁이 일어났다.

1970년대와 1980년대에는
두 번의 오일 쇼크가 있었다.
주식과 채권 가격이 폭락했다.

IMF, 9.11 테러,
글로벌 금융위기가 있었다.

그 후
미국이 망했는가?
독일이 망했는가?
일본이 망했는가?
한국이 망했는가?

큰 출렁거림은 있었지만
모두 극복해냈다.

혼란의 틈에서
그동안 봐왔던
건실한 기업들의 주식을
거침없이 사 모아
지금의 부를 쌓는
초석을 만들었습니다.

주식에 투자하지 않고 기업에 투자한다

위기 다음에 오는 기회를 놓치지 않는 안목과
농사 짓는 느긋한 마음으로
꾸준히 투자하고 있는 박영옥 씨는
한때 연 50% 이상의 수익을 꾸준히 올리기도 했다.

그는 현재 50여 개의 기업과 동행하고 있다.

종목 매매 들어갑니다.
6월 18일(월) ~ 6월 22일(금)

6월 18일(월)

하웅

애경산업

10주 매수.

61,400원 X 10주 = 614,000원
매수 완료.

이성호

문배철강

3,840원 매도 주문.

3,840원 X 286주 = 1,098,240원
매도 완료.
수익 94,410원

문배철강 체결되었죠?

예.

상한가 가버렸네요.

주식에 투자하지 않고 기업에 투자한다

아침장에 실시간으로 보기가
힘들어서 적당히 걸어놨드만…
아깝네요.

서한

2,270원 전체 매도.

2,270원 X 426주 = 967,020원
손실 20,980원

시장이 불안하여
일단 대피하겠습니다.

애애애앵~

6월 19일(화)

하웅

코스맥스

20주 매수.

161,500원 X 20주 = 3,230,000원
매수 완료.

매수 가능 금액?

3,455,237원입니다.

주가 조정의 폭이 심해지고 있네요.
주식을 가지고 있는 사람은
손절을 놓쳤고
안 가지고 있는 사람은 저가 매수 기회.
소수의 몇 종목을 제외하고
큰 조정 예상됨.

그동안 효자 노릇 하고 있던
메가스터디가 폭락해서
반 토막 밑으로 내려가버렸다!
이렇게 황당한 일이…

난 거덜 났슈.

메가스터디는 주당 2주
무상증자한 겁니다.

앗! 그럼 주식이
두 배가 되는 건가요?

세 배입니다.
7월 6일 입고 예정이네요.

아니 알려주지도 않고…

6월 1일에
결정공시 했어유.

가만 있어도 들어오능겨?

예.

♬♪
(콧노래가 나오냐?
그딴 것도 확인 못 하면서.)

허영만

아진엑스텍

제주항공

신라젠

텔콘RF제약

전량 시가 매도!

앗! 초짜 등장.

앗! 앗! 앗!
다 팔아치우고
이민 가려고?

수익률이 현저히
떨어진 종목이라
교체할 시기라고 판단됨.

중국, 미국의 무역전쟁 때문에
국내 증시가 폭락해서
완전 새우등 터진 꼴이니
현금 확보 후 종목 사냥 예정.

하필 최저점에서
손절해야 하나?
좀 기다려보지 않고.

난 손절매
잘한다고 했잖아.

KT&G와 오리온 믿고
재기할겨.

아진엑스텍
11,100원 X 73주 = 810,300원
매도 완료.
손실 200,450원

제주항공
43,850원 X 10주 = 438,500원
매도 완료.
손실 54,000원

신라젠
73,900원 X 9주 = 665,100원
매도 완료.
손실 94,500원

텔콘RF제약
10,250원 X 72주 = 738,000원
매도 완료.
손실 266,400원

어휴… 그런데 너무 까먹었다.

−19.42%

6월 21일(목)

허영만

확보된 자금으로
프로텍 19,000원
매수 주문.

19,000원 X 138주
매수 주문 완료.

그런데 왜 프로텍이지?

프로텍은?
반도체 장비, 표면실장공정(SMT) 및 LED 장비
제조업체.
반도체 후공정에 사용되는 디스펜서 M/C와 다
이본더(Die Bonder)·어태치 시스템 등을 생산.
공압구동형 실린더 제조 사업도 영위.
주요 매출처로 삼성전자, LG전자, SK하이닉스,
ASE코리아 등이 있음.

- 최대주주 : 최승환 외 33.14%
- 주요주주 : 가치투자자문 7.97%

이거…
어디서 베낀 거지?

…………

 +

야! 왜 암말 없어?
말해봐!

실적이 떨어지니까
저놈까지 나를…

프로텍
19,000원 X 138주 = 2,622,000원
매수 완료.

수익만 나봐라. 콱 그냥!

엥! 18,900원
금세 100원 손실!

뭐 손실이라는 단어 처음 보냐.

하웅

스튜디오드래곤

15주 매수.

116,400원 X 15주 = 1,746,000원
매수 완료.

6월 22일(금)

하웅

스튜디오드래곤

매도.

112,400원 X 15주 = 1,686,000원
매도 완료.
손실 60,000원

SKC코오롱PI

전액 매수.

49,300원 X 68주 = 3,352,400원
매수 완료.

애경산업

60주 매도.

70,200원 X 60주 = 4,212,000원
매도 완료.
수익 1,269,540원

SKC코오롱PI

22주 추가 매수.

50,500원 X 22주 = 1,111,000원
매수 완료.

매수 평균 단가 49,593원

매수 가능 금액은?

3,102,304원

보유 종목, 매수 가격,
총 잔고 알려주세요.

애경산업 20주
매수 평균 단가 49,041원
980,831원

SKC코오롱PI 90주
매수 평균 단가 49,593원
4,463,400원

코스맥스 20주
매수 평균 단가 161,500원
3,230,000원

오리온 25주
매수 평균 단가 131,500원
3,287,500원

총평가금액 16,177,304원

주식에 투자하지 않고 기업에 투자한다

51
여의도의 타짜들
이태이(1)

이태이 (가명, 41세)

최종학력: 고려대 경제학 석사
경력: 하나대투증권 근무

지인의 소개로 5월 8일에 여의도에서
이태이 씨와 인터뷰를 가질 수 있었다.

인터뷰는 끝냈지만,
본인이 만화에 나갈지 말지는
결정을 못 했다고 해서
녹취한 내용을 타이핑하고 기다렸다.

알려지는 것이 싫고, 남들 앞에 나서면
욕먹기 쉽다는 것이 그 이유였다.
상당히 꼼꼼한 구석이 있었다.
연재 3일 전에 당사자에게만 공개해서
불편한 점과 틀린 점을 고친 뒤 연재를 하니까
협조해달라고 했다.
인터뷰 후 3주 만에 OK 사인이 왔다.

보통 만화 스토리는 작가가
원하는 대로 끌고갈 수 있는데
이 만화는 자문위원의 교정도 거쳐야 하고
주식 시세는 작가 마음대로 할 수 있는 것이 아니어서
세상 돌아가는 것에
맞춰 꾸려가니까 어렵다. ㅎㅎㅎ

주식에 투자하지 않고 기업에 투자한다

제가 독립하고
10여 년 동안
제 책상 앞에 올려놓은
스승님 사진입니다.

이 사진을 보면
지혜와 용기가 불끈
솟아납니다.

여의도의 40층에 있는 한식당.

3
천
만
원

그런데 만화에 나갈지, 안 나갈지 결정이 안 돼서요.

물론 오케이 사인이 날 때까지 기다렸다가 피해가 가지 않도록 상의해서 연재할게요.

지금 제가 마흔한 살인데요.

어릴 때 환경도 있고 꿈도 있고… 인생을 어떻게 살아야 할까 고민을 많이 했습니다.

불혹(不惑)의 나이 아닙니까.
공자 말씀이죠.

40세가 되면 판단에
혼란이 없다!

20세까지는
몸이 자라고
40세부터는
마음이 자라나요?

저는 두보의 시 중
회당능절정 일람중산소
會當凌絶頂 一覽衆山小를
좋아하고 인생의 목표로
삼고 있습니다.
즉, 내 반드시 태산에 올라
뭇 산들이 작음을
내려다보리라.

그러면 목표를
굉장히 높게
잡았군요!

그렇습니다.
말씀드릴 수 없을 정도의
액수입니다.

태이는 목표액이 채워지면
대부분 공익적인 목적으로 돈을 쓰겠다는
목표를 세웠다.

사진 출처 google

경주 최 부자처럼 인사가 만사라는 걸 알고
항상 베풀고 살기를 원하고 있다.

주식에 투자하지 않고 기업에 투자한다

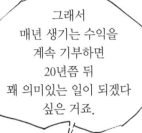

3
천
만
원

종목 매매 들어갑니다.
6월 25일(월) ~ 6월 29일(금)

6월 25일(월)

하웅

애경산업

코스맥스

매도.

애경산업
72,500원 X 20주 = 1,450,000원
매도 완료.
수익 469,169원

코스맥스
156,500원 X 20주 = 3,130,000원
매도 완료.
손실 100,000원

SKC코오롱PI

30주 추가 매수.

50,600원 X 30주 = 1,518,000원
매수 완료.

주식에 투자하지 않고 기업에 투자한다

현대로템

200주 매수.

30,100원 X 200주 = 6,020,000원
매수 완료.

매수 가능 금액은?

106,709원

현대로템 16:20

시간 외 단일가 매도.

16:26 30,100원 X 200주
매도 주문 완료.

16:32 체결이 안 되었는데
금액 수정할까요?

29,800원으로 수정. 16:34

30,000원 X 200주 = 6,000,000원
매도 완료.

손실 20,000원

6월 26일(화)

하웅

OCI

300주 매수.

30주 아니에요?

300.

OCI 주가가
107,500원이라 200주면
21,500,000원이 됩니다.

앗! 30주.

107,500원 X 30주 = 3,225,000원
매수 완료.

ㅎㅎ

SKC코오롱PI

20주 매수.

50,400원 X 20주 = 1,008,000원
매수 완료.

총 140주 보유 중.
평균 단가 49,924원

 매수 가능 금액?

1,836,131원

 OCI

108,000원
나머지 금액 모두 매수.

108,000원 X 16주 = 1,728,000원
매수 완료.

총 46주 보유 중.

평균 단가 107,673원

6월 27일(수)

하웅

OCI　11:14

매도.

11:15　104,000원 X 46주 = 4,784,000원
매도 완료.
손실 169,000원

에이치엘비　11:16

나머지 매수.

11:16　103,500원 X 46주 = 4,761,000원
매수 완료.

에이치엘비　13:57

매도.

13:57　102,300원 X 46주 = 4,705,800원
매도 완료.

손실 55,200원

6월 28일(목)

......

6월 29일(금)

......

＋

☺

월간 누적 수익률 (6월 1일 ~ 6월 29일)

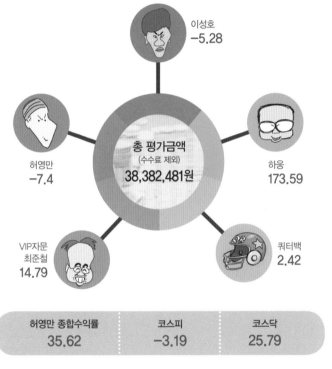

이성호
−5.28

하웅
173.59

쿼터백
2.42

VIP자문
최준철
14.79

허영만
−7.4

총 평가금액
(수수료 제외)
38,382,481원

허영만 종합수익률	코스피	코스닥
35.62	−3.19	25.79

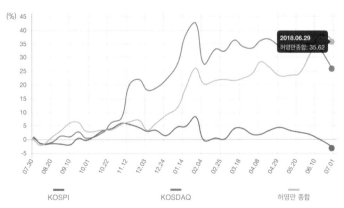

2018.06.29
허영만종합: 35.62

KOSPI   KOSDAQ   허영만 종합

3장

시대를 이끄는
기대주를 찾는다

52
여의도의 타짜들
이태이(2)

태이의 기억으로는 아주 어릴 때부터
항상 자기 손에 돈이 있었다.
돈 때문에 어려움을 느껴본 적이 없었다.

아버지는
진짜 부잣집의
막내아들이셨어요.
이기적이셨죠.

아버지는 1943년생이신데
쉬운 성격은 아니신 데다
사회심리학을 하신 분에게
심리 상담을 해보면 그 세대는
정서적으로 정상적이지 않대요.
일제 강점기, 광복, 전쟁,
4.19, 5.16, 12.12 등등
온갖 혼란을
다 겪은 세대잖아요.

나도 그래서
그런가? ㅎㅎ

48년생

지금은 이해하지만
제가 어릴 적에는
아버지가 히스테릭하셨어요.
이해가 안 됐죠.

태이가 어릴 때 부모님이 이혼하셨고
아버지가 재혼해서 새엄마가 들어왔는데
그 상황이 너무 싫었기에 당연히 저항했다.

시대를 이끄는 기대주를 찾는다

게다가 새엄마가 외부랑 통화할 때
그의 집 재산을 보고 들어왔다는
얘기를 하는 걸 들었다.

태이는 아버지에게 그 얘기를 했지만,
오히려 야단만 맞았고
그때 상처를 많이 받았다.

펑펑 울었죠.

그때 할머니가 태이를 불렀다.

태이야,
700만원이다.
내가 가진 돈
전부인데…

이걸 가지고
나가서 살아라!

몇 살 때요?

중2 때요.

중2 때 그 많은 돈을
주시면서 나가 살아라?
가출을 부추기신 거네요?

할머니가 보시기에
가족이 조용하게
살 수 없는
분위기였던 거죠.

할머니는
저를 믿으셨던 거고
지금 생각하면 그때부터
제가 어른이 된 겁니다.

그때 태이는 결심했다.

내가 할머니를
보호해야 한다!

가출 후 아버지의 도움 없이 살아야 하니까
아르바이트를 많이 했다.

고교생 때 어느 날 학교에 만화책을 들고 갔다.

이야, 이거
재미있는데.

나도 좀 보자.

시
대
를

이
끄
는

기
대
주
를

찾
는
다

태이는 그 만화를 다시 빌려와
학교에서 쉬는 시간에 또 읽기 시작했다.

태이는 만화를 1,500원에 빌려서
열 명에게 500원씩 받고 보여주고
5,000원의 수입을 얻었다.

태이는 돈이라는 걸
차츰 알게 됐다.

중3 때부터 고등학생 때까지 부두에서
하역 작업 아르바이트를 했다.

중3 때?
그 어린 나이에
일을 시키기나 해요?

제가 육상이랑
유도를 해서 어렸을 때부터
체격이 좋았거든요.

하역 물품은 주로 바나나였다.

빨리 움직여!

빨리 빨리!

빨리 빨리는 한국형 병이지만
바나나는 정말 시간을 다퉈서 하역하지 않으면
안 되는 물건이었다.

18시간 안에 차에 실어서
서울로 보내야 했다.

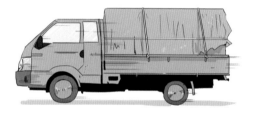

부산에 도착한 바나나는
파랗게 덜 익은 것이었는데
시간이 지체되면 노랗게 익어버려서
상품가치가 떨어지기 때문이었다.

하루 일당이
20만원 이상이었으니까
괜찮은 벌이였다.

앗!
이건 안 되겠다.

바나나 도매상들은
배에서 실려 나온 바나나 중에
노랗게 익어버린 바나나가 있으면
따로 빼내서 싸게 처분해버렸다.

이거 얼마 드리면
됩니까?

15만원만 내라.

노란 바나나는 서울로 갈 수 없었지만,
부산에서는 아무 하자 없는 상품이었다.
그걸 받아다가 팔면 50만원은 받을 수 있었다.

아! 이런 것이
비즈니스구나.

종목 매매 들어갑니다.
7월 2일(월) ~ 7월 6일(금)

7월 2일(월)

 하웅

매매 가능 금액은?

4,780,417원

해마로푸드서비스

모두 매수.

3,230원 X 1,472주 = 4,754,560원
매수 완료.

7월 3일(화)

 하웅

SKC코오롱PI

매도.

48,000원 X 140주 = 6,720,000원
매도 완료.
손실 269,360원

보유 종목 모두 매도.

해마로푸드서비스
3,080원 X 1,472주 = 4,533,760원
매도 완료.
손실 220,800원

오리온
145,000원 X 25주 = 3,625,000원
매도 완료.
수익 337,500원

계좌 총금액은?

14,835,895원

상반기 포트폴리오 정리.

새로 짜서 새 마음으로
다시 시작.

땡큐.

7월 4일(수)

**쿼터백
자산운용**

첨부와 같이 주문 부탁드립니다.

종목 코드	종목명	기존 목표 비율	변경 목표 비율	비율 변화	필요 매매 수량
200250	KOSEF 인도Nifty50 (합성)	2.4	0.0	- 2.4	전량 매도
251590	ARIRANG 고배당저변동50	2.4	0.0	- 2.4	전량 매도
276970	KODEX 미국 S&P고배당커버드콜 (합성)	2.4	0.0	- 2.4	전량 매도
263190	ARIRANG 단기우량채권	47.5	38.0	- 9.5	12주 매도
132030	KODEX 골드선물 (H)	0.0	9.5	9.5	64주 매수
200020	KODEX 미국 S&P IT (합성)	0.0	2.4	2.4	7주 매수
251350	KODEX 선진국 MSCI World	0.0	2.4	2.4	12주 매수
248260	TIGER 일본 TOPIX헬스케어 (합성)	0.0	2.4	2.4	15주 매수

* 목표 비율 변경되는 부분과 필요한 매매수량 (매수·매도) 기재하여 드립니다.
  (기재되지 않은 종목은 기존의 투자비중으로 투자 유지합니다.)

* 이번 매매는 월간 정기 리밸런싱으로 포트폴리오 변화폭이 크게 나타납니다.

* 가격은 현재가로 해주시되, 호가갭이 너무 크게 벌어져있는 경우 매매 전 상의 부탁
  드립니다. (특히 ETN의 경우 거래량 부족, 호가갭 문제 발생 가능)

종목 코드	종목명	종목 설명
200250	KOSEF 인도Nifty50 (합성)	인도 대형주 50개 종목으로 구성된 니프티 50 지수를 추종하는 대표적인 인도 투자 종목
251590	ARIRANG 고배당저변동50	FnGuide 고배당저변동50지수를 추종하는 종목으로, 배당수익률이 높으면서도 동시에 가격 변동성이 낮아 안정적인 종목을 선별하여 투자하는 종목
276970	KODEX 미국 S&P고배당 커버드콜 (합성)	미국의 고배당 주식에 투자하는 한편 콜옵션을 매도하여 프리미엄 수익을 추구하는 커버드콜 전략이 결합된 종목. 미국 주식에 투자하면서 안정적인 인컴을 확보하는 투자 아이디어를 보유한 대표 종목

시대를 이끄는 기대주를 찾는다

종목 코드	종목명	종목 설명
263190	ARIRANG 단기우량채권	국공채와 우량 회사채 및 CP 등에 분산투자 할 수 있는 채권형 종목. 낮은 듀레이션으로 매력적인 분배금을 제공하는 대표적인 우량 채권 ETF
132030	KODEX 골드선물(H)	미국 상품거래소에 상장되어 있는 금 가격에 연동되는 종목으로 국제 금 가격의 움직임을 반영하는 대표적인 귀금속 종목
200020	KODEX 미국 S&P IT(합성)	미국 S&P500 지수 중 IT 섹터 및 통신 서비스 섹터에 속한 종목으로 구성된 업종 투자 종목
251350	KODEX 선진국 MSCI World	미국, 일본, 영국 등 선진국에 속한 대표기업에 투자하는 MSCI World Index를 추종하는 종목
248260	TIGER 일본 TOPIX헬스케어 (합성)	일본의 TOPIX지수(도쿄 증권거래소 1부에 상장된 일본 내 기업들의 주가를 나타낸 지표) 중 제약 등 헬스케어 카테고리에 속한 종목으로 구성된 지수를 추종하는 종목

1단계 분류

자산군	전월 비중	금월 비중	비중 차이
주식	47.7	47.7	0
채권	47.5	38	-9.5
원자재	0	9.5	9.5
전체 비중	95.2	95.2	0

세부 분류

자산군	전월 비중	금월 비중	비중 차이
글로벌 주식	4.8	4.8	0
선진국 주식	38.1	42.9	4.8
신흥국 주식	4.8	0	-4.8
채권	47.5	38	-9.5
금	0	9.5	9.5
전체 비중	95.2	95.2	0

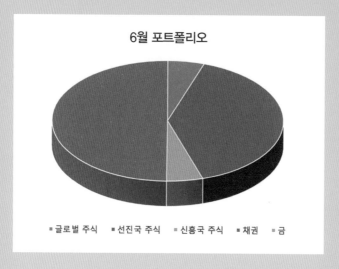

6월 포트폴리오

■ 글로벌 주식   ■ 선진국 주식   ■ 신흥국 주식   ■ 채권   ■ 금

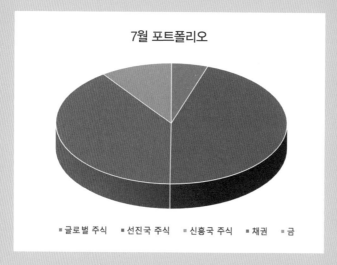

7월 포트폴리오

■ 글로벌 주식   ■ 선진국 주식   ■ 신흥국 주식   ■ 채권   ■ 금

* 6월 대비 7월은 주식의 투자비중은 변화 없이, 채권 비중 축소, 금 신규 편입이 진행됩니다.

* 주식에서는 견조한 이익 및 경기 모멘텀이 지속되는 미국의 비중을 가장 높게 유지하는 가운데, 일본 및 선진국 비중이 강화되고 신흥국은 전량 매도됩니다.

* 금은 장기 트렌드가 유지되는 가운데 계절적 신호가 추가되며 '매수' 시그널이 발생함에 따라 채권 비중을 일부 축소하여 재편입합니다.

KOSEF 인도Nifty50(합성)
12,545원 X 12주 = 150,540원
매도 완료.

ARIRANG 고배당저변동50
10,400원 X 13주 = 135,200원
매도 완료.

KODEX 미국 S&P고배당커버드콜(합성)
9,490원 X 15주 = 142,350원
매도 완료.

ARIRANG 단기우량채권
51,150원 X 12주 = 613,800원
매도 완료.

KODEX 골드선물(H)
9,275원 X 64주 = 593,600원
매수 완료.

KODEX 미국 S&P IT(합성)
19,765원 X 7주 = 138,355원
매수 완료.

KODEX 선진국 MSCI World
12,620원 X 12주 = 151,440원
매수 완료.

TIGER 일본 TOPIX헬스케어(합성)
10,075원 X 15주 = 151,125원
매수 완료.

7월 5일(목)

......

7월 6일(금)

......

시대를 이끄는 기대주를 찾는다

+

53

여의도의 타짜들
이태이(3)

태이는 대학을 졸업하고 경제학 석사를 마친 뒤
곧바로 증권회사에 몸을 담았다.

그러고는 곧바로 업계의 스타덤에 올라섰다.

다른 곳으로 스카우트되어서 자리를
옮긴 뒤에도 계속 성과가 좋았다.

그런데 많이 벌어들였으면
연봉도 많이 줘야 하는데
많이 안 주는 거예요.

사표를 던지고 독립을 했다.
회사 소속으로 실력을 쌓다가
개인투자자로 나서면 여러 변수가 많지만
태이의 변신은 성공적이었다.

그러나 자산 운용을 잘 해나가다가
꽤 많은 돈을 IT전자에 투자해서
운용 자산의 80%를 날려버렸다.

시대를 이끄는 기대주를 찾는다

왜요?
저의 할머니는 저한테 할머니이자 어머니 같은 존재셨어요.
98세에 돌아가셨는데…
아이고 천수를 누리셨네.
돌아가시기 10개월 전에 위독해지셔서, 돌아가시기 전에 제가 결혼하는 걸 보여드리고 싶었죠.
허선생님이시죠? 팬입니다. 사인한장 부탁드릴게요
손님 대화를 끊으면 안되지요

태이는 창원에서 결혼하고
서울로 올라와 살림을 시작했다.

시대를 이끄는 기대주를 찾는다

그리고 거의 매일 할머니를 뵈러 갔다.

오후 3시에 장을 마치면
(그 당시 오후 3시에 장이 끝났다.)
바로 비행기를 타고 내려가서
식사 차려드리고 병간호하고
마지막 비행기를 타고 올라오는 일을 계속했다.

3
천
만
원

그러니 종목 공부를
등한시할 수밖에 없었다.

시대를 이끄는 기대주를 찾는다

그런 느낌이 들어도
할머니 병간호는 해야 해서
내려갈 수밖에 없었다.

아무 일
아니겠지.

3
천
만
원

하루는 느낌이 영 좋지 않아서
사정을 알아봤다.

사장이 태양광에
투자하고 있는데
사정이 안 좋은가 봐요.
직원들 월급을 안 주려 해요.

엑!

당시 운용자금은
태이의 개인 지분과
추종세력의 지분을 합해서
100억 이상이었다.

이거 잘못되면
큰일 나겠구나!!

시대를 이끄는 기대주를 찾는다

그러나 문제는 그 회사 주식을
너무 많이 갖고 있었던 것이었다.

주식은 많이 들고 있으면
하한가라는 말이 있다.

한꺼번에 내어놓으면 팔리지 않으니까
여러 조각으로 나누어서
가격 제한 폭으로 계속 팔았다.

어? 나 말고
또 다른 사람들도
마구 팔고 있구나.
그러면…

하한가로 전부 밀어붙였다.

오늘 하한가로 못 팔면
내일 또 하한가로 또 팔고 또 팔고…

단가가 매일 10% 떨어지는 와중에
다 던져버렸다. 손실 80%!

주식 물량이 많지 않았으면
30% 정도의 손실로
끝날 수 있는 일이었다.

아니나 다를까 5개월 뒤에
그 회사는 상장 정지가 되었다.
횡령 사실도 발각됐다.
사장 한 사람 잘못으로
좋은 회사 하나가 없어져버렸다.

시대를 이끄는 기대주를 찾는다

종목 매매 들어갑니다.
7월 9일(월) ~ 7월 13일(금)

7월 9일(월)

......

7월 10일(화)

하웅

삼성SDI

45주 매수.

226,500원 X 45주 = 10,192,500원
매수 완료.

7월 11일(수)

......

7월 12일(목)

하웅

삼성SDI

20주 매도.

231,000원 X 20주 = 4,620,000원
매도 완료.
수익 90,000원

아프리카TV

100주 매수.

54,400원 X 100주 = 5,440,000원
매수 완료.

218

3
천
만
원

삼성바이오로직스가
결국 거래 정지되면서
검찰에 고발당했습니다.
상장폐지 대상은 아니라고 하나
바이오주를 비롯한 전체 주식시장의
공포감 확산이 예상됩니다.

삼성바이오로직스에
들어갈까 말까
고민했는데… 어휴…

미국과 중국의 관세전쟁이
격화되고 있습니다.
자문단 여러분의 고견
올려주세요.

VIP자문
최준철

무역 전쟁이라기보단 무역 논쟁에
가까운 성격이고 결국은 트럼프의
스타일대로 '투이불파(鬪而不破,
다투되 판을 깨지는 않는다)로
결론지어질 거라 예상합니다.

미국도 나름 명분이 있는 데다가
힘의 우위에 있지만 중국은
쓸 수 있는 카드가 제한적이니까요.

물론 결론에 이를 때까지 시간이
얼마나 걸릴지 알 수 없고
이 과정에서 나오는 노이즈들은
시장에 계속 영향을 줄 겁니다.

결론적으로 투자자들은 너무 최악의 상황을
가정해서 극단적인 행동을 하지 않되
무역 논쟁의 추이를 지켜보며
잘 버티고 있어야 합니다.

악재는 어느 정도 시장에 반영되었습니다. 기왕이면 이 상황에서 상대적으로 자유롭고 단단한 주식을 들고 버티는 게 최선이겠죠.

쿼터백
자산운용

최근 신흥국 시장의 변동성 증가는 무역 전쟁 자체만으로 인한 이슈라기보다는 미국의 금리 인상과 함께 올해 나타나고 있는 달러 강세 현황이 맞물려 있는 듯합니다.

특히 최근에는 시장 반등에도 불구하고 중국 위안화 약세는 지속되고 있으며, 역외 위안화와 역내 위안화의 차이가 오히려 벌어졌다는 점도 눈여겨봐야 하는 데이터인 듯합니다.

무역 전쟁 자체만으로 본다면 중국의 대미 6월 무역 흑자가 사상 최대치를 기록했고, 미국 시장은 오히려 상승했기에 미국은 당분간 계속해서 강경하게 무역 전쟁을 밀어붙일 듯합니다.

따라서 저희는 신흥국보다는 지속해서 미국 위주의 포트폴리오를 구성 중입니다.

54
여의도의 타짜들
이태이(4)

울었던 날이
언제였냐면…

9.11 테러

제가 대학생 때였지요.

태이는 어린 나이였지만
IMF 때 투자해서 돈을 크게 벌었다.

하나로텔레콤에 투자한 것이
5배 올랐고 기아차는 3배,
바이코리아펀드로 1.5배 수익을 거뒀다.

1억 자산이
4억 가까이
되었어요.

그때 사촌 누나가 여윳돈 10억을
운용해 달라고 했다.

너 너무
잘하고 있잖아.
너 하는 대로만
해주면 돼.

그러죠.

태이 것까지 합해서
적지 않은 자금으로 운용하다가
9.11 테러가 터진 것이다.

대재앙이었다.
전체 종합지수가
하루에 10%씩 빠져버렸다.

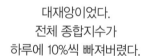

12일 아침에 와보니
전부 하한가였습니다.

손쓸 방법이
없었어요.

결국 제 돈은
7천만원도 안 남고
누나 돈은
반 이상이
날아가버렸어요.

누나에게 수수료를
받은 것도 아니었지만,
도의적 책임을
느꼈어요.

가지고 있는 돈 중에 500만원만
남기고 다 줘버렸다.

그러면서 한마디 해드렸다.

1년 뒤 누나에게 연락했다.

500만원 남긴 돈으로
증권 "증" 글자가 들어간 책을
280만원어치 사서 3개월 동안 독파했다.

3 천만원

책을 읽으니 다시 길이 보였다.

아! 내가 몰라서
이런 일이
생겼구나.

그러나 책으로 공부하는 것은 한계가 있었다.
제대로 하려면 잘하는 투자자에게 배워야 했다.

그래!
그분을 만나자!

진주 큰손!

시대를 이끄는 기대주를 찾는다

종목 매매 들어갑니다.
7월 16일(월) ~ 7월 20일(금)

7월 16일(월)

......

7월 17일(화)

......

7월 18일(수)

 하웅

매수 가능 금액은?

3,794,942원

삼성전기

158,000원 올인 매수.

158,000원 X 23주 = 3,634,000원
매수 완료.

삼성SDI

25주 매도.

228,000원 X 25주 = 5,700,000원
매도 완료.

수익 37,500원

삼성전기

매도.

153,500원 X 23주 = 3,530,500원
매도 완료.

손실 103,500원

매수 가능 금액은?

9,340,296원입니다.

애경산업

70주 매수.

68,100원 X 70주 = 4,767,000원
매수 완료.

7월 19일(목)

하웅

매수 가능 금액은?

4,564,772원

보유종목 모두 매도.

애경산업
64,000원 X 70주 = 4,480,000원
매도 완료.
손실 287,000원

아프리카TV
49,350원 X 100주 = 4,935,000원
매도 완료.
손실 505,000원

윽! 또…

총 평가 금액은?

 13,934,654원입니다.

많이 내려왔어요.

너무 더워서
하웅 검객도
휘청이는구나.

7월 20일(금)

 하웅

호텔신라

80주 매수.

89,900원 X 80주 = 7,192,000원
매수 완료.

55
여의도의 타짜들
이태이(5)

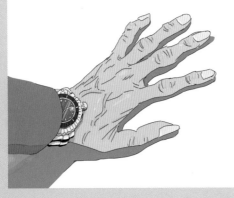

진주의 큰손 성 회장.

3 천만원

2001년도에
우리나라 주식시장의
10%를 움직이는
전설적인 분이었다.

사무실에는 네 명의 오퍼레이터만 있었다.

각자 맡은 업무가 있었다.
매수, 매도, 정정, 취소.

성 회장에게서 받은 10억의 운용 자금은
5개월 뒤 8% 손실을 봤다.

8%네…

10% 나면
우짤끼고?

!

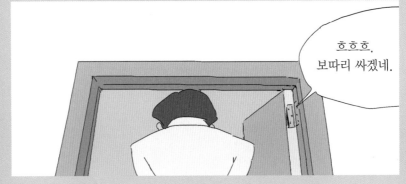

당장 먹고살 것이 없어서 궁리하다가
○○그룹에 이력서를 넣었다.

처음이자 마지막으로 써본 이력서였다.

그리고 덜컥 합격이 되어서
천안의 연수원으로 갔다.

시대를 이끄는 기대주를 찾는다

3
천
만
원

태이는 택시를 대절해서 진주로 달렸다.

회장님,
하겠습니다.

그렇게 7년을
회장님한테서 수업했다.

7년 동안 딱히 '주식투자는 이런 것이다'라는 걸
배우지는 않았지만
아주 고맙게 생각하는 것이 있었다.

이럴 때 태이의 눈앞에
전설의 회장님이 계신다는 생각을 하면
의심이 생기지 않는다.

사실이었다. 수련 기간 7년을 마치고
증권회사에 들어간 뒤 실적은 승승장구했다.

그러나 증권회사 생활은 자유롭지 못했다.
매수와 매도 때 리포트를 써내야 하고
수익이 주춤거리면 타박받아야 하고
많은 애널리스트와 경쟁하기도 쉽지 않았다.

수익을 내지 못하면 경쟁에서 처지고
수익을 남들보다 많이 내면
칭찬과 모함이 함께 들려왔다.

태이는 증권회사를 그만두고
개인 투자를 시작했다.

또 사람이 재산이라는 걸 알았기 때문에
사람 사귀는 걸 게을리하지 않았다.

어느 날 후배의 제안이 있었다.

우리 회사 알죠?
벤처기업인데
변변한 수익구조가
없어요.

대학 강의를 많이 하고 있던 태이는
대학과 많은 차이가 나는 개런티에 솔깃했다.

종목 매매 들어갑니다.
7월 23일(월) ~ 7월 27일(금)

7월 23일(월)

하웅

매수 가능 금액?

6,730,556원입니다.

애경산업

전액 매수.

65,563원 X 101주 = 6,621,863원
65,600원 X 1주 = 65,600원
매수 완료.

7월 24일(화)

하웅

호텔신라

30주 매도.

96,700원 X 30주 = 2,901,000원
매도 완료.
수익 204,000원

애경산업

52주 매도.

67,400원 X 52주 = 3,504,800원
매도 완료.
수익 95,505원

7월 25일(수)

......

7월 26일(목)

......

7월 27일(금)

하웅

호텔신라

나머지 매도.

99,000원 X 50주 = 4,950,000원
매도 완료.
수익 455,000원

하웅 씨는 지난주에 손실이 제법 컸는데
이번 주는 만회를 하고 있다.
뜨거운 여름 날씨처럼 불같이 활약해주세요.

헉헉, 올여름은
너무 더워요~

해마로푸드서비스

1,500주 매수.

3,115원 X 1,500주 = 4,672,500원
매수 완료.

시대를 이끄는 기대주를 찾는다

56
여의도의 타짜들
이태이(6)

제 증권투자 방식은 유행할 기대주를 찾는 것입니다.

그래서 지난 1년 동안 3,500%의 수익을 냈습니다.

태이의 투자 생활 중 정말 아쉬웠던 순간도
그즈음 생겼다.

강의하던 회사를 드나들다 보니
그 회사가 나중에 아주 잘 될 것 같아서
태이는 회사 사장에게 지분 제안을 했다.

하늘이 노랬다.

얼마 전에
우리 회사
증권 5% 취득하려
한다고 했잖아.

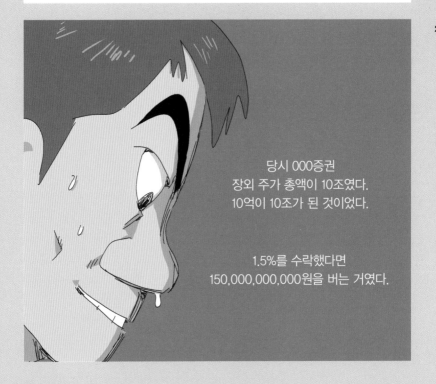

당시 000증권
장외 주가 총액이 10조였다.
10억이 10조가 된 것이었다.

1.5%를 수락했다면
150,000,000,000원을 버는 거였다.

하아~ 인생이 이런 것이구나. 천운이었는데 놓치고 말았구나.

그때 계약금 주고 그냥 서류에 사인했으면 인생 끝나는 건데…

어휴, 내가 아깝네.

주식투자를 할 때 이태이의 핵심 판단 기준 세 가지가 있다.

① 주식을 해야 할 것이냐 말 것이냐.
② 한다면 어떤 주식을 살 것이냐.
③ 얼마만큼 살 것이냐.

투자 심리도 놓치지 말아야 한다.

투자 심리 중에는 공포와
탐욕이 있고 관망이 있다.

시장에서 돈을 크게 번 사람들은
공포가 지배할 때와
탐욕이 지배할 때를 이용했다.

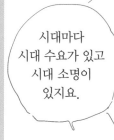

시대마다
시대 수요가 있고
시대 소명이
있지요.

그 시대를 이끄는
사업이 있고
그 시대를 공장이든
기업이든 산업이든
파헤치면 사람들이
무엇에 열광하는지
알 수 있습니다.

결국 주식투자는
갖고 싶은 상품입니다.
금융상품이요.

그럼 돈을 벌려면
딱 한 가지만
알면 됩니다.

"유행."

유행만
읽을 수 있으면
돈을 법니다.

그것이 트렌드.
곧, 추세입니다.

3
천
만
원

예를 들어봅시다.

아이폰 처음
나왔을 때 전국에
거의 쓰는 사람이
없다고 해도
저는 나오면 바로 삽니다.
제가 얼리어댑터거든요.

그 핸드폰을
우리나라 사람 1천만 명이 쓸 것 같은데
1천만 개를 만들 동안 시간이
얼마나 걸릴까요?

약 10년 걸리지
않을까?

그럼 10년 동안 관련될 만한 회사들에게 투자하면 돈을 엄청 버는 겁니다.

북한과 통일되면 자동차 수요도 많을 거라고 생각했었는데…

얼핏 그렇게 생각할 수 있지만 그렇게 단순하지 않습니다.

삼성이 1년에
핸드폰 수억 개를 파는데
북한의 몇백만 대 수요는
영향을 주지 않죠.

핸드폰은 가격이
낮지만, 자동차는
가격이 높잖아요.

현재 북한의 GNP로는
가까운 시간 안에
큰 자동차 수요를
기대하기 힘들어요.

요즘 태이 씨는
어떤 사업 쪽에
주목하고 있어요?

종목 매매 들어갑니다.
7월 30일(월) ~ 8월 3일(금)

7월 30일(월)

......

7월 31일(화)

......

8월 1일(수)

......

8월 2일(목)

 하웅

매수 가능 금액은?

10,205,496원

에코프로

39,500원 100주 매수.

39,500원 X 100주 = 3,950,000원
매수 완료.

애경산업

나머지 매수.

69,400원 X 89주 = 6,176,600원
매수 완료.

이성호

사조해표 09:57

11,850원 99주 매수 주문.

띠용~!

앗! 이성호 씨
오랜만에!

매수 주문 완료.

11,850원 X 99주 = 1,173,150원
체결 완료.

사조해표 10:09

전량 11,950원 매도 주문.

매도 주문 완료.

11,850원에
정정 매도 주문. 10:22

10:23 정정 주문 완료.

11,850원 X 99주 = 1,173,150원
10:26 매도 완료.

매수했다가
30분도 안 돼서 매도…

쿼터백
자산운용

첨부와 같이 금월 리밸런싱
주문지를 전달해 드립니다.

포트폴리오 변화가 제법 큰데
각 종목별로 매매 수량과
종목에 대한 설명을 넣었으며
변경 전후의 자산군별 비중과
코멘트를 일부 넣었으니
함께 확인 부탁드립니다.

종목 코드	종목명	기존 목표 비율	변경 목표 비율	비율 변화	필요 매매 수량
195970	ARIRANG 선진국(합성 H)	6.7	9.6	2.9	17주 매수
195980	ARIRANG 신흥국MSCI(합성 H)	0.0	5.3	5.3	30주 매수
143850	TIGER S&P500 선물(H)	26.6	38.3	11.7	22주 매수
132030	KODEX 골드선물(H)	9.5	0.0	− 9.5	전량 매도
241180	TIGER 일본니케이225	2.4	0.0	− 2.4	전량 매도
248270	TIGER S&P글로벌헬스케어 (합성)	2.4	3.8	1.4	7주 매수
263190	ARIRANG 단기우량채권	38.0	19.0	− 19.0	23주 매도
269370	TIGER S&P글로벌인프라(합성)	2.4	3.8	1.4	8주 매수
276970	KODEX 미국 S&P고배당 커버드콜(합성)	0.0	3.8	3.8	24주 매수
200020	KODEX 미국 S&P IT(합성)	2.4	0.0	− 2.4	전량 매도
251350	KODEX 선진국 MSCI World	2.4	3.8	1.4	6주 매수
253990	TIGER 대만TAIEX 선물(H)	0.0	3.8	3.8	18주 매수
248260	TIGER 일본 TOPIX헬스케어 (합성)	2.4	0.0	− 2.4	전량 매도
275980	TIGER 글로벌4차산업혁신기술 (합성)	0.0	3.8	3.8	20주 매수

* 목표 비율 변경되는 부분과 필요한 매매 수량 (매수 · 매도) 기재하여 드립니다.
  (기재되지 않은 종목은 기존의 투자비중으로 투자 유지합니다.)

* 이번 매매는 월간 정기 리밸런싱으로 포트폴리오 변화폭이 크게 나타납니다.

* 가격은 현재가로 해주시되, 호가갭이 너무 크게 벌어져 있는 경우 매매 전 상의 부탁드립
  니다. (특히 ETN의 경우 거래량 부족, 호가갭 문제 발생 가능)

종목 코드	종목명	종목 설명
195970	ARIRANG 선진국 (합성 H)	MSCI EAFE 지수(MSCI가 분류하는 선진국지수: 미국, 캐나다를 제외한 유럽, 호주 및 기타 선진국)를 추종하는 종목으로 선진국 개별 국가보다는 미국을 제외한 선진 지역과 연동된 투자에 적합한 대표 종목
195980	ARIRANG 신흥국MSCI (합성 H)	MSCI EM 지수(MSCI가 분류하는 신흥국지수: 한국, 인도, 브라질, 러시아 등 Emerging Market)를 추종하는 종목으로 특정 국가 보다는 신흥국 전체 시장의 움직임과 연동된 투자에 적합한 대표 종목
143850	TIGER S&P500 선물 (H)	미국 S&P500지수(S&P가 기업규모, 유동성, 산업 대표성 등을 감안하여 선정한 미국의 대표기업 500종목으로 구성된 종합지수)를 추종하는 대표적인 미국 투자종목
132030	KODEX 골드선물 (H)	미국 상품거래소에 상장되어 있는 금 가격에 연동되는 종목으로 국제 금 가격의 움직임을 반영하는 대표적인 귀금속 종목
241180	TIGER 일본니케이225	일본의 대표지수인 니케이 225지수(도쿄 증권거래소 1부에 상장된 유동성 높은 225개 종목으로 구성된 지수)를 추종하는 대표적인 일반 투자종목
248270	TIGER S&P 글로벌헬스케어 (합성)	글로벌 헬스케어 업종으로 분류되는 종목에 투자할 수 있는 업종 투자종목
263190	ARIRANG 단기우량채권	국공채와 우량 회사채 및 CP 등에 분산투자할 수 있는 채권형 종목. 낮은 듀레이션으로 매력적인 분배금을 제공하는 대표적인 우량채권 ETF
269370	TIGER S&P 글로벌 인프라 (합성)	미국, 캐나다, 호주 등 인프라 선진국 주식에 투자하는 종목으로 에너지, 운송, 유틸리티 등 업종에 고르게 분산투자하여 높은 배당수익률과 안정적인 수익을 추구할 수 있는 대표 상품
276970	KODEX 미국 S&P 고배당커버드콜 (합성)	미국의 고배당 주식에 투자하는 한편 콜옵션을 매도하여 프리미엄 수익을 추구하는 커버드콜 전략이 결합된 종목. 미국 주식에 투자하면서 안정적인 인컴을 확보하는 투자 아이디어를 보유한 대표 종목

종목 코드	종목명	종목 설명
200020	KODEX 미국 S&P IT(합성)	미국 S&P500 지수 중 IT 섹터 및 통신 서비스 섹터에 속한 종목으로 구성된 업종 투자 종목
251350	KODEX 선진국 MSCI World	미국, 일본, 영국 등 선진국에 속한 대표기업에 투자하는 MSCI World Index를 추종하는 종목
253990	TIGER 대만TAIEX 선물(H)	대만의 대표지수인 Taiwan Stock Exchange Capitalization Weighted Stock 지수를 추종하는 대표적인 대만 투자종목
248260	TIGER 일본 TOPIX헬스케어(합성)	일본의 TOPIX 지수(도쿄 증권거래소 1부에 상장된 일본내 기업들의 주가를 나타낸 지표) 중 제약 등 헬스케어 카테고리에 속한 종목으로 구성된 지수를 추종하는 종목
275980	TIGER 글로벌4차산업 혁신기술(합성)	글로벌 빅데이터 및 분석, 나노기술의학 및 신경과학, 네트워크 및 컴퓨터 시스템, 로봇공학, 금융 서비스 혁신 등 기술 변화의 핵심 분야에서 경쟁력이 높은 기업들을 선별하여 분산투자하는 종목

1단계 분류

자산군	전월 비중	금월 비중	비중 차이
주식	47.7	76	28.3
채권	38	19	-19.0
원자재	9.5	0	9.5
전체 비중	95.2	95	-0.2

세부 분류

자산군	전월 비중	금월 비중	비중 차이
글로벌 주식	4.8	11.4	6.6
선진국 주식	42.9	55.5	12.6
신흥국 주식	0	9.1	9.1
채권	38	19	-19.0
금	9.5	0	9.5
전체 비중	95.2	95	-0.2

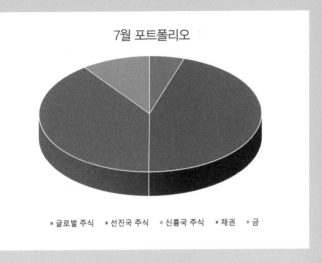

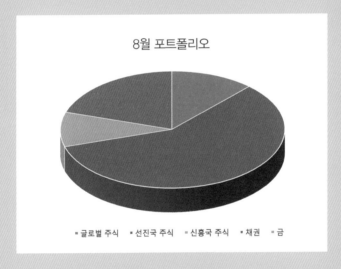

- 8월 종합신호는 기존 대비 위험에 대한 경계가 완화되며 주식 비중 이 큰 폭 확대되고 채권 비중 축소, 금 전량 매도, 위성전략에서의 일부 변경이 진행되는 것이 주요 특징입니다.
- 전월까지 비중이 없었던 신흥국의 비중이 다시 편입되는 점과 함께 전체적인 주식 비중이 상향되는 점이 가장 큰 특징입니다.

제가 주목하고
있는 사업 쪽은
뷰티 시장입니다.

앞으로 제일 돈을
많이 벌 수 있는
사업 중 하나가
가슴 보형물입니다.

그건 이미
유행하고 있잖아요.

전 세계 가슴 성형 시장이
2조에서 3조쯤 됩니다.
우리나라 시장은 아주 작지만
얼굴 성형수술 다 하죠.
안 한 사람 거의 없죠.

요새는
남자들도 합니다.

그런데 너도나도
다 성형을 하면
분별력이 없어지니까
희소성이 낮아집니다.

뭐야, 나랑
똑같이 생겼잖아!

누가 할 소리!

얼굴이 다
비슷해지면
다음에 찾는 것은
스타일입니다.

몸매입니다.

얼마 전까지는
작은 가슴을
크게 키우려고 했어요.
이제는 예쁜 가슴을
갖고 싶어 하는
시대입니다.

가슴 성형 기술이
일본에서 한국으로
건너온 지 10여 년,
한국에서
중국 건너간 지
3년 됐습니다.

중국도 서서히
시장이 커지고 있습니다.
그러면 가까운 한국이
제일 수혜를
입을 겁니다.

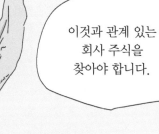

이것과 관계 있는
회사 주식을
찾아야 합니다.

시대를 이끄는 기대주를 찾는다

옛날에는 주식투자가를 보는 시선이 따뜻하지 않았죠. 그러나 요즘은 다릅니다.

증권회사에 인턴이 들어와도 공부 제대로 한 사람들이 들어오고 여의도에 밥집이 들어와도 강남에 있는 집들이 들어와요. 여의도에서 노는 사람들이 자산이 많고, 연봉이 수십 억 되는 애널리스트들도 많아지고 있으니까요. 연봉 100억짜리가 나오는 건 시간 문제죠.

아~ 만화 괜히 그렸어~~

참! 좋은 지침서 하나 소개해 드릴게요.

시대를 이끄는 기대주를 찾는다

종목 매매 들어갑니다.
8월 6일(월) ~ 8월 10일(금)

8월 6일(월)

이성호

유진로봇

5,290원 250만원 매수.

5,290원 X 473주 = 2,502,170원
매수 완료.

대양제지

3,250원 794주 매수 주문.

매수 주문 완료.

3,250원 X 794주 = 2,580,500원
매수 완료.

8월 7일(화)

이성호

유진로봇　16:50

시간외 단일가.

5,390원 전체 매도 주문.

주문 완료.

대양제지
전체 3,145원 매도 주문.

주문 완료.

정정.
3,150원

정정 주문 완료.

유진로봇
5,390원 X 473주 = 2,549,470원
매도 완료.
수익 47,300원

대양제지

3,095원 정정 주문.

정정 주문 완료.

3,160원 X 794주 = 2,509,040원
매도 완료.
손실 71,460원

시대를 이끄는 기대주를 찾는다

그동안 수고하셨습니다.

정말 감사합니다.
건강 지키고
일취월장하세요.

8월 8일(수)

하웅

보유 종목 모두
시장가 매도.

애경산업
69,900원 X 89주 = 6,221,100원
매도 완료.
수익 44,500원

에코프로
38,750원 X 100주 = 3,875,000원
매도 완료.
손실 75,000원

해마로푸드서비스
3,175원 X 1,500주 = 4,762,500원
매도 완료.
수익 90,000원

총 평가금액은?

14,872,772원입니다.

그동안 정말 수고하셨습니다.

정말 감사합니다.
항상 정진하세요.

하웅 씨는 증권시장의
전설로 남을 것이라는
확신이 들었습니다. 만세!

8월 9일(목)

8월 10일(금)

쿼터백
자산운용

전량 매도합니다.

어서오세요.

ARIRANG 선진국 MSCI (합성 H)
10,600원 X 57주 = 604,200원
매도 완료.

ARIRANG 신흥국MSCI (합성 H)
10,771원 X 30주 = 323,130원
매도 완료.

TIGER 미국S&P 500선물 (H)
33,710원 X 77주 = 2,595,670원
매도 완료.

TIGER S&P글로벌헬스케어 (합성)
11,875원 X 21주 = 249,375원
매도 완료.

ARIRANG 단기우량채권
51,280원 X 22주 = 1,128,160원
매도 완료.

TIGER S&P글로벌인프라 (합성)
10,175원 X 23주 = 234,025원
매도 완료.

KODEX 미국 S&P고배당커버드콜(합성 H)
9,850원 X 24주 = 236,400원
매도 완료.

KODEX 선진국 MSCI World
13,145원 X 18주 = 236,610원
매도 완료.

TIGER 대만TAIEX 선물(H)
12,935원 X 18주 = 232,830원
매도 완료.

TIGER 글로벌4차산업혁신기술(합성 H)
11,525원 X 20주 = 230,500원
매도 완료.

시대를 이끄는 기대주를 찾는다

고생하셨습니다. 화백님.
다음에 더 좋은 모습으로
다시 인사드리겠습니다.

많지 않은 운용 금액을
잔돈푼 하나 소홀하게
취급하지 않고
빈틈없이 투자해준
쿼터백 자산운용에게
큰 감사 드립니다.

8월 13일(월)

허영만

보유 종목 전량
매도합니다.

메가스터디
13,900원 X 60주 = 834,000원
매도 완료.
수익 176,000원

KT&G
107,500원 X 10주 = 1,075,000원
매도 완료.
수익 78,000원

오리온
119,000원 X 5주 = 595,000원
매도 완료.
손실 50,000원

프로텍
16,400원 X 138주 = 2,263,200원
매도 완료.
손실 358,800원

3
천
만
원

《3천만원》 만화는
이것으로 연재를 마칩니다.

이 만화는 특별했습니다.
저자 혼자서 하는 것이 아니라
자문위원들과 함께 꾸려나가는 만화였고
매일 매매를 함으로써 누구도 예측할 수 없는
긴장감을 가질 수 있었습니다.

연재 초기에 염려했던 시장질서교란법에
저촉되지 않고 무사히 끝나서 다행이었습니다.
이 만화로 인해서 주식투자에 대한
독자들의 관심이 많아졌으면 좋겠습니다.
하지만 만화에서 여러 번 이야기했듯이
곧 써야 할 돈이나 빚으로는
주식투자를 하지 말길 바랍니다.
대박이나 뻥튀기를 하지 말고
차분히 접근하길 바랍니다.

그동안 저자도 주식 문외한에서
반쯤 실눈을 뜨기 시작한 정도가 되었습니다.
모아뒀던 노후 생존 자금의 일부를
안전한 주식에 담아놓을 작정입니다.
몇 년 뒤 깡보리밥을 먹게 될지
스테이크에 와인을 마시게 될지 궁금합니다.

특별한 보상 없는 이 만화에 그동안 열정으로
참여해주신 자문위원 여러분 정말 고맙습니다.
아울러 열독해주신 독자 여러분께
머리 숙여 감사드립니다.

2018년 8월 무지 뜨거운 여름
허영만.

시대를 이끄는 기대주를 찾는다

이성호

경험해보지 않은 일이라 힘든 점도
많았지만 나름 좋은 경험이었습니다.
기왕이면 결과도 좋게 만들었어야 했는데
제 개인적인 사정과 부족한 실력으로 인해
많은 도움을 못 드린 점
죄송하게 생각합니다.

거의 모든 인생을
주식밖에 모르고 살아온 전업투자자로서
훌륭한 투자자들을 뵙고
작게나마 인연을 맺은 것 자체가
영광이었습니다.

쿼터백
자산운용

연재를 마치며.

저희 알고리즘 및 투자 철학의 특성상
매매가 많지 않아 흥미를
크게 못 드린 것 같습니다.
이번 만화를 통해 투자 시

1) 자산 배분과 변동성이
   투자에 있어 얼마나 중요한지

2) 규칙화된 투자를 통해 잦은 매매
   없이도 안정적인 수익 창출이 가능하며

3) 국내 개별 주식 매매 외에도
   ETF를 통해 시장과 자산을 사고파는
   투자도 있음을 보여드리고자 했습니다.

시장에 대한 불확실성이
커질수록 변동성 관리가 중요합니다.
ETF를 활용한 글로벌 분산 투자를
통해 많은 분들의 자산 증식에
도움이 되었으면 합니다.

 하웅

충격 ㅜㅜ 이제 시작인데
아쉽네요.

오늘 만화 복기를 해보니
첫 매매가 7월 31일이더군요.
딱 13개월. 길지도 짧지도 않은
시간이었습니다.

작년 7월 31일 종합주가지수 2402p.
오늘은 2301p였으니 딱 100p 떨어졌군요.
이 정도면 시장 대비 좋은 수익으로 마무리~♡

전 예술가가 아닌데 화백님 덕분에
만화라는 예술을 경험했습니다.
그리고 좋은 사람들과 함께여서
좋았습니다. 앞으로 가끔 뵙길 바랍니다.
모두~

좋은 성적은
선봉 장군 하웅 씨 덕분입니다.

나도 무척 아쉬워요.
새로운 시도여서 기대가 많았거든요.
지금까지 만나보지 못했던 분야의
실력자들과 함께 작업한 것은
큰 수확이었습니다.

VIP자문
최준철

1. 연재를 마치며.

요 몇 년간 바이오, IT로의 쏠림 현상이 커
개인 투자자들 사이에 만연해 있는
투기적인 분위기를 바꿔보고 싶다는
열망으로 자문단에 합류했습니다.
상식에 의지해 분산 투자, 장기 투자를 해도
충분히 만족할 만한 성과를 거둘 수 있다는 걸
보여주고 싶었는데, 연재 기간이 짧았고
특히나 시장의 바닥 국면에서 종료하게 되어
서운한 생각이 듭니다.

보수적으로 종목을 고르다 보니 큰 실수가
있지는 않았지만 사실 고민 끝에 결국
추천하지 않아 수익률 제고에 보탬이
되지 못했던 점이 있었습니다.
올해 들어 바닥을 탈피해 재평가가 이루어진
휠라코리아, 매일유업이 여기에 속합니다.
의류, 신발, 컵 커피 등 독자에게 친숙한
제품을 만드는 곳들이란 점에서 적기에
소개하지 못한 아쉬움이 남습니다.

결과를 떠나 허영만 화백님과의
공동 작업은 잊지 못할 추억이 될 것입니다.
특히 화백님의 도전 정신과 학습 의욕에
큰 감명을 받았습니다.

아무쪼록 가치 투자 전파에 조금이라도
기여가 있었다면 지난 1년간 기울인
수고에 대한 보상으로 충분합니다.
마지막으로 독자들에게는 주식투자는
버는 것보다 잃지 않는 것이 중요하다는
말씀을 전하고 싶습니다.

2. 추천 종목과 향후 대응 전략.

SK가스, 동원산업, 코리안리는
자기 분야에서 1등을 하고 있는
절대 저평가 종목들입니다.
인내심 있게 기다리며 주가가 제자리를
찾았을 때 이익 실현하면
후일 보유하고 있는 동안 마음이 편했고
결과도 만족했다고 돌아볼 것입니다.

메리츠금융지주, SK, 제주항공, 대한약품은
연재가 종료됐다고 팔지 말고
오랫동안 들고 가기를 바랍니다.
소위 묻어놓고 잊어버리는 투자,
즉 초장기 투자를 하고자 한다면
주주를 대신해 위기를 넘겨가면서
성장을 도모하는 경영진을 갖추고 있거나
높은 확률로 예측 가능한 성장 산업에
속해 있어야 합니다.

시대를 이끄는 기대주를 찾는다

단언컨대 메리츠금융지주와 SK가스, SK는
주주들의 부를 장기간 불려줄 수 있는 능력을
갖춘 경영자가 운영하는 회사들입니다.
주주 친화적인 마인드 또한 훌륭합니다.

우리나라가 저성장 국면에 접어들었다지만
단거리 해외여행과 헬스케어 분야의 필수재는
수요가 늘어 성장할 수밖에 없는 소수의 산업에
해당합니다. 저비용 항공 서비스를 제공하는
제주항공과 기초 수액을 제조하는 대한약품은
10년 뒤 지금보다 더 큰 회사로 커나갈 것입니다.

추천한 회사는 아니지만, NICE도 눈여겨볼
만합니다. 우리나라 최고의 금융 인프라 회사로
기업 신용 평가, 개인 신용 평가, VAN,
무인화 기기 등 다양한 분야의 선두 기업들을
자회사로 보유하고 있습니다. 신용과 관련한
수요는 시간이 지날수록 증가할 수밖에 없습니다.

성장이 테크나 바이오 같은 화려한 곳에만
존재한다는 선입관을 버렸으면 좋겠습니다.

명심하겠습니다.
예금 잔고를 확인한 뒤
쪼개서 지르겠습니다.
스테이크와 와인을
위해서. ㅎㅎ

한효건
삼성증권 수석

작년 1월 화백님께서
저희 사무실을 방문하셔서
주식 웹툰 해보자고 하실 때
어찌 시작해야 할지 막막했습니다.
만나주지 않는 금감원 각 부서 담당자들을
두루 만나고 법무 검토를 진행해서
운영 가이드를 만들고 자문단 한 분 한 분을
선정하고 자문단 제안을 드리고
다행히 너무도 좋은 분들이 흔쾌히
자문단 참여를 결정해주셨습니다.

그리고 작년 8월부터 시작한
우리 주식 웹툰 〈3천만원〉
시행착오는 많았지만, 자문단의 헌신으로
한 페이지 한 페이지 만들어나갔습니다.
이제 준비하고 꾸려나가는 과정에서
함께한 기억과 수고에 머리 숙여
감사의 말씀 드립니다.

저는 한 수석님의 본업은
삼성증권 소속이기 때문에
사무적인 협조만 있을 거라
생각했었습니다.

그런데 Two Job 뛰는 사람처럼
《3천만원》에 열정과 몸을 바쳐
최선을 다하시더군요.

시대를 이끄는 기대주를 찾는다

그만큼 성적이 나오지 않고 조기 연재 중단의 결과가 생긴 것은 순전히 필자의 몫입니다. 고맙습니다.

지나고 보니 아쉬운 것은 만화 시작 때의 주식 격언보다 후반기처럼 투자자 얘기를 했었더라면 훨씬 흥미가 있었을 텐데 후회가 큽니다.

주식 만화를 한 번 더 기획해서 운용 자금을 대폭 상향 조정하고 좀 더 많은 투자자들(10명 이상)의 매매를 최단시간 안에 알릴 수 있는 방법을 만들고 "여의도의 타짜들"의 페이지를 대폭 늘려서 만화의 재미와 주식투자의 스릴을 함께 누릴 수 있게 해보겠습니다.

독자 여러분, 자문위원 여러분과 협력해주신 분들께 다시 한번 감사드립니다.

3 천 만 원

개인별 수익률과 종합수익률 (8월 10일)

1번 계좌   −10.74% (우담선생 → 허영만)
            범인은 영만이!

2번 계좌   +166.91% (하웅)

3번 계좌   −4.54% (이성호)

4번 계좌   +8.89% (VIP자문 최준철)

5번 계좌   +3.87% (쿼터백 자산운용)

    총액 30,000,000원 → 37,951,661원

        종합수익률 31.92%

시대를 이끄는 기대주를 찾는다

최종 누적 수익률 (2017년 7월 ~ 2018년 8월)

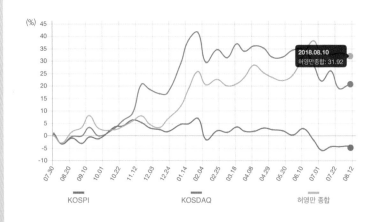

이성호
−4.54

하웅
166.91

쿼터백
3.87

VIP자문
최준철
8.89

허영만
−10.74

총 평가금액
(수수료 제외)
37,951,661원

허영만 종합수익률	코스피	코스닥
31.92	−4.99	20.65

2018.08.10
허영만종합: 31.92

KOSPI   KOSDAQ   허영만 종합